Dagmar Binder

Wenn der Sommer lacht

Von Sonnentagen und Ferienspaß

Mit Bildern
von Susanne Riha

Patmos

Inhalt

Der Sommer ist da

Endlich Ferien

Am Wasser und am Strand

Die Hitze des Sommers

Der Sommer geht zu Ende

Der Sommer ist da

Was im Sommer Spaß macht

Text: Rosemarie Künzler-Behncke
Melodie: Klaus Hoffmann

Refr. C   F   G

Hast du schon mal nach-ge-dacht, was im Som-mer

C   F

Freu-de macht? Schau dich um, schau dich um,

G   G^7 C   C

ü-ber-all und rund-he-rum: 1. In der grü-nen

G^7 C

Wie-se lie-gen, auf dem Was-ser Sur-fen

                    G^7

ü-ben, ei-ne gro-ße Sand-burg

bau-en, in die wei-ßen Wol-ken

C   *Refr.* C   F

schau-en. Weißt du was, weißt du was: Das

6

macht im Som-mer Spaß! Weißt du was,

weißt du was: Das macht im Som-mer Spaß!

2. Hast du schon mal nachgedacht…

Kirschen, Äpfel, Beeren pflücken,
warme Sonne auf dem Rücken,
warme Sonne auf dem Bauch,
spritzen mit dem Gartenschlauch.

Weißt du was…

3. Hast du schon mal nachgedacht…

Würstchen und Kartoffeln grillen,
Federball und Fußball spielen,
Himbeereis mit Sahne schlecken,
Kopfsprung in das Wasserbecken.

Weißt du was…

4. Hast du schon mal nachgedacht…

Ferien auf dem Land erleben,
Schweinen morgens Futter geben,
Traktor fahren, Ponys reiten,
Kühe auf die Weide treiben.

Weißt du was…

Im Frühsommer

Egal ob die Sonne scheint oder ob es regnet: Laut Kalender fängt am 21. Juni der Sommer an. Es ist der längste Tag des Jahres. Obwohl der Sommer gerade erst begonnen hat, werden von nun an die Tage wieder kürzer und die Nächte länger.

Sommersonnenwende

Dem längsten Tag des Jahres wurde schon immer eine besondere Bedeutung zugemessen. Es ist der Tag der Sommersonnenwende. In vielen alten Kulturen wurden an diesem Tag zu Ehren des Sonnengottes Feuer angezündet.

Siebenschläfer

„Ist der Siebenschläfer nass, regnet's ohne Unterlass" und „Siebenschläfer Regen – sieben Wochen Regen", das sagen alte Bauernregeln für den 27. Juni, den Tag der Siebenschläfer, voraus. Auch heute noch treffen diese Vorhersagen in Süddeutschland in acht von zehn Sommern zu. Die Meteorologen haben dafür sogar eine Erklärung: Ende Juni prallt in Deutschland polare Kaltluft aus dem Norden auf tropische Warmluft aus dem Süden. Der Verlauf dieser Wetterfront bestimmt den Sommer maßgeblich.

Stockbrot

Zutaten für den Teig:
- 600 Gramm Mehl
- 3 Teelöffel Trockenhefe
- 2 Tassen lauwarmes Wasser
- 4 Esslöffel Olivenöl
- ½ Teelöffel Salz

Alle Zutaten zu einem Hefeteig verkneten. Den Teig gehen lassen, in 4 bis 6 Portionen teilen, daraus lange Schlangen nudeln. Je eine Teigschlange um einen sauberen Stock wickeln, mit etwas Öl bepinseln und über die Glut halten. Das Stockbrot immer wieder drehen, bis der Teig gar ist.

Johannisfeuer

Der 24. Juni gilt als der Geburtstag Johannes des Täufers. Sein Fest wird mit einem Feuer gefeiert, dem Johannisfeuer. Dafür wird am Nachmittag Holz gesammelt und aufgeschichtet, aber erst bei Dunkelheit wird es entzündet. Nach altem Brauch wird um die Flammen getanzt und später darüber hinweggesprungen.

Für Kinder kann man einen kleineren Holzstoß aufschichten, sodass die Flammen nicht schrecken. Daran kann auch Stockbrot gebacken werden.

Die Leuchtwürmchen und die Sterne

Zur Zeit der Abenddämmerung saßen drei oder vier Leuchtwürmchen in einer Wiese unter den Kräutern und Blumen. Man sah, wie sie geheimnisvoll die Köpfe zusammensteckten, emsig hin und her krochen und sich eifrig besprachen, sodass man glauben musste, es sei etwas sehr Wichtiges im Werke. Als nun die Nacht auf die Felder und Fluren niedersank und die Sterne am Himmel erglänzten, da erklommen die Leuchtwürmchen einen hohen Grashalm und sprachen zu den Sternen: „Ihr lieben Sternlein! Ihr müsst gewiss sehr müde sein von eurem allnächtlichen Wachen, drum geht einmal ohne Sorge schlafen, wir wollen heute Nacht die Erde für euch beleuchten!"

Die Sternlein lächelten einander an und verbargen sich zum Spaß hinter kleinen Wölkchen; die Leuchtwürmchen aber glänzten die ganze Nacht hindurch aus allen Leibeskräften und am Morgen meinten die guten Tierlein, sie hätten die Erde erleuchtet.

Gottfried Keller

Fliegende Mini-Glühbirnen

Kleine, gelbgrüne Pünktchen, die in der Luft herumtanzen oder im Gebüsch leuchten – was mag das sein? Es sind Glühwürmchen. Glühwürmchen, auch Johanniskäfer genannt, sind Leuchtkäfer. Die Weibchen können nicht fliegen, sondern sind tatsächlich eher „Glüh-Würmchen". Sie krabbeln an warmen Sommerabenden auf hohe Grashalme und leuchten von dort. Die Männchen fliegen meist kurz nach Sonnenuntergang auf Weibchensuche. Sie geben Lichtzeichen und hoffen auf Antwort. Nur so können sich die Paare im Dunkeln finden.

Licht ohne Strom?

Ihren Leuchtstoff erzeugen die Glühwürmchen selbst. Im Hinterleib haben sie eine Art „Leuchtorgan". Unter der durchsichtigen Haut können sie zwei chemische Stoffe bilden, die sich so verbinden, dass Licht entsteht.

11

Sommer

Weißt du, wie der Sommer riecht?
Nach Birnen und nach Nelken,
nach Äpfeln und Vergissmeinnicht,
die in der Sonne welken,
nach heißem Sand und kühlem See
und nassen Badehosen,
nach Wasserball und Sonnenkrem,
nach Straßenstaub und Rosen.

Weißt du, wie der Sommer schmeckt?
Nach gelben Aprikosen
und Walderdbeeren, halb versteckt
zwischen Gras und Moosen,
nach Himbeereis, Vanilleeis
und Eis aus Schokolade,
nach Sauerklee vom Wiesenrand
und Brauselimonade.

Weißt du, wie der Sommer klingt?
Nach einer Flötenweise,
die durch die Mittagsstille dringt,
ein Vogel zwitschert leise,
dumpf fällt ein Apfel in das Gras,
ein Wind rauscht in den Bäumen,
ein Kind lacht hell, dann schweigt es schnell
und möchte lieber träumen.

Ilse Kleberger

Der Erdbeerbär und der Blaubeerbär

„Es war einmal ein Erdbeerbär", begann der große Bär.
„Ein Erdbeerbär? So was Komisches hab ich
noch nie gehört!", rief der kleine Bär.
„Der Erdbeerbär hatte seinen Spitznamen
daher bekommen, weil er für sein Leben gern Erdbeeren aß.
Er lutschte gern Erdbeerdrops, schleckte gern Erdbeereis und
wünschte sich jedes Jahr zum Geburtstag eine Erdbeer-Sahne-
Torte.
Wenn er angetapst kam, rochen ihn die anderen Bärenkinder
immer schon von weitem und riefen: Achtung! Der Erdbeerbär
kommt!
Seine kleine Nase war rot wie eine Erdbeere vom vielen Erd-
beerpflücken. Eines Tages kam ein anderer kleiner Bär an den
Gartenzaun und fragte:
Kannst du mir sagen, wo es hier Blaubeeren gibt?
Drüben auf der Waldwiese, sagte der Erdbeerbär. Aber magst
du nicht lieber von meinen Erdbeeren essen?
Erdbeeren vertrage ich nicht. Da kriege ich Pickel, sagte der
fremde Bär. Und als er wegging, bemerkte der Erdbeerbär, dass
er eine blau schimmernde Nase hatte."
„Das war ein Blaubeerbär!", rief der kleine Bär vergnügt dazwi-
schen.
„Am Abend trafen sich der Erdbeerbär und der Blaubeerbär
auf der Waldwiese zu einem lustigen Bärentanz. Droben im
Vogelbeerbaum saß ein kleiner schwarzer Kerl mit gelbem
Schnabel und sah ihnen zu…"
„Das war ein Vogelbeerbär!", rief der kleine Bär.
„Nein, reingefallen!" Der große Bär lachte. „Das war ein…!"

Ursel Scheffler

Die roten Früchte des Sommers

Mit kräftigen Rot- und Dunkeltönen locken viele Früchte des Sommers: Hellrot und Dunkelrot die Kirschen, Kräftigrot die Erdbeeren, Rosarot die Himbeeren, Leuchtendrot und Schwarz die Johannisbeeren, Schwarzblau die Heidelbeeren und Schwarzrot die Brombeeren. Vor dem hellen Grün der Blätter leuchten diese Früchte und die Kirschen besonders intensiv.

Die kugelrunden Früchte der Johannisbeere hängen an kurzen Stielchen. Es gibt rote, rosa, weiße, schwarze und sogar gelbe Sorten. Zum Johannisfest – am 24. Juni – sind die Johannisbeeren meist schon reif. Deshalb tragen sie den Namen des heiligen Johannes.

Die kleine Walderdbeere ist die Mutter unserer großfruchtigen Gartenerdbeere. Schon die alten Griechen nannten die Erdbeere „Königin der Früchte".

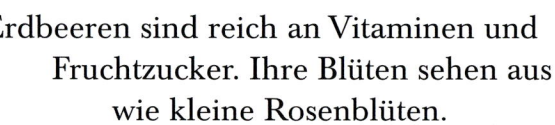

Erdbeeren sind reich an Vitaminen und Fruchtzucker. Ihre Blüten sehen aus wie kleine Rosenblüten. Erdbeeren gehören – ebenso wie Himbeeren und Brombeeren – zur Familie der Rosengewächse.

Heidelbeeren nennt man auch Blaubeeren, da ihre Beeren blau bis dunkelviolett sind. Man findet sie häufig an Waldrändern und auf Lichtungen.

Die Brombeeren sind im Frühsommer grün bis hellrot und noch nicht reif. Erst ab August, wenn ihre Früchte dunkelrot bis bläulich-schwarz sind, schmecken sie lecker und süß. Wilde Brombeeren findet man häufig im Wald. Dort darf sich jeder bedienen, aber Vorsicht! – Brombeer-ranken haben kräftige Dornen.

Die Früchte der Kirschen sind rund bis herzförmig. Sie müssen reif geerntet werden. Oft bilden immer zwei Kirschen mit ihren Stielen ein Pärchen.

Spiele mit Kirschen und Kernen

- Zwillingskirschen an den zusammen-gewachsenen Stielen über die Ohren hängen.
- Einen Weitspuckwettbewerb mit Kirschkernen veranstalten.
- Einen Kirschen-Fresser basteln.

Kirschen-Fresser

Auf Pappe ein lustiges Tiergesicht mit weit geöffnetem Maul aufmalen. Das Maul ausschneiden. Die Pappe aufhängen. Kirschen essen und die Kirschkerne auf den Kirschen-Fresser spucken. Wer trifft ins Kirschen-Fresser-Maul?

Rot leuchten die Johannisbeeren

Mittagsstille. Sommerzeit.
Gartenwelt voll Friedlichkeit.

Rot leuchten die Johannisbeeren.
Sie leuchten – locken zum Verzehren.

Ein schwarzes Vogelwesen sitzt
stillvergnügt im Busch und pickt.

Da rennt ein Mann hinzu und schreit.
Die Amsel flieht, doch nicht sehr weit.

Sie zetert laut, ist sehr empört,
weil man sie bei der Mahlzeit stört.

„Bleib von den Beeren!", schreit der Mann.
Die schwarze Amsel hört sich's an.

Der Menschen-Mann verlässt den Ort,
geht heim zum Haus, verschwindet dort.

Die Amsel huscht zum Busch zurück.
Mittagsstille, Sommerglück.

Josef Guggenmos

Fruchtige Rezepte

Kirschkuchen

- 500 Gramm Kirschen

Teig:
- 80 Gramm Zucker
- 4 Eier
- 60 Gramm Mehl
- 1 Becher Schlagsahne
- (200 Gramm)
- 100 Milliliter Milch

Die Teigzutaten verrühren. Eine Porzellanform (Ø 25 cm) mit Butter einfetten. Die Kirschen in die Form geben. Den Teig darüber gießen.
30 bis 40 Minuten bei 180 Grad (Umluft 160 Grad) backen. Mit Puderzucker bestäuben. Am besten schmeckt der Kuchen, solange er noch warm ist.

Himbeer-Eis

- 250 Gramm Himbeeren
- 3 Esslöffel Honig
- 1 Becher Sahne

Die Himbeeren im Mixer pürieren oder mit einer Gabel zerdrücken. Die Sahne steif schlagen und mit dem Beerenmus vermischen. In eine Schale füllen und für mehrere Stunden ins Gefrierfach stellen.

Beeren-Punsch

- 1 Esslöffel Johannisbeersirup (rot oder schwarz)
- 1 Glas Mineralwasser
- 1 Hand voll Johannisbeeren eventuell 1 Teelöffel Zucker

Johannisbeeren waschen, eventuell zuckern, in das Glas geben. Den Sirup darauf gießen, mit Mineralwasser auffüllen und verrühren.

Erdbeer-Pralinees

Die Erdbeeren waschen und Blätter daran belassen.
Die Früchte zur Hälfte in geschmolzene Schokolade tauchen.
Kurz antrocknen lassen.

Vier Wörter

Es waren einmal vier Wörter, die niemand verstand und die sich selbst nicht verstanden, und das war am allerschlimmsten. Sie hießen: TORNEGROM, GATREMMOS, ENNOSLIRPA, UNISJORE.

Kein Wunder, dass sie sich fehl am Platz fühlten, mit der Zeit melancholisch wurden und zu guter Letzt verzweifelt waren. Sie irrten zwischen den anderen Wörtern umher, die alle mit sich selbst zufrieden waren, sogar so armselige wie HINTEN-HERUM und UNTENDURCH; denn es ist immerhin besser, ein unscheinbares Wort zu sein, als eines, von dem man beim besten Willen nicht sagen kann, wofür es zu gebrauchen ist.

Nachdem die vier Wörter jedes andere Wort um Beistand gebeten hatten, ohne auch nur einen einzigen vernünftigen Rat (von Hilfe ganz zu schweigen) erhalten zu haben, beschlossen sie, gemeinsam auszuwandern, irgendwohin, wo vielleicht doch jemand zu finden war, der etwas mit ihnen anfangen konnte.

Auf ihrer Wanderschaft kamen sie an einem Spiegel vorbei, und zufällig warfen sie einen Blick hinein.

Da fingen das TORNEGROM, das GATREMMOS und das ENNOSLIRPA wie verrückt an zu tanzen, sodass sie beinahe ein paar Buchstaben verloren – aber nur beinahe. Und im Spiegel konnte man sehen, warum die drei Wörter so froh waren. Dort tanzten und hüpften nämlich nicht das TORNEGROM, das GATREMMOS und ENNOSLIRPA, sondern so schöne Wörter wie MORGENROT und SOMMERTAG und APRILSONNE. Sie waren also gar keine sinnlosen Wörter gewesen, sondern irgendein Nichtsnutz hatte sie von hinten aufgeschrieben statt von vorn, wie es sich gehört.

Nur das UNISJORE tanzte und hüpfte nicht. Wie ein Häufchen Elend saß es vor dem Spiegel und es mochte so oft, wie es wollte, hineinschauen – es hatte dennoch keinen Grund zum

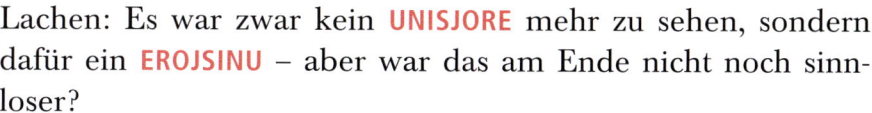

Lachen: Es war zwar kein UNISJORE mehr zu sehen, sondern dafür ein EROJSINU – aber war das am Ende nicht noch sinnloser?

Das MORGENROT, der SOMMERTAG und die APRILSONNE, die sich in aller Eile von hinten nach vorn umgetauscht hatten, trösteten das UNISJORE, so gut es ging. Sie sagten, es klänge wunderbar, von vorne wie von hinten. Das MORGENROT behauptete sogar, es sei etwas ganz Besonderes, *nichts* zu bedeuten und barer Unsinn zu sein.

Das UNISJORE wollte sich jedoch nicht trösten lassen. Es jammerte, nun sei es nicht nur sinnlos, sondern auch einsam und verlassen, raufte sich verzweifelt seine Buchstaben und löste sich schließlich in seine Bestandteile auf.

Hilfsbereit machten sich das MORGENROT, der SOMMERTAG und die APRILSONNE daran, ihren zerfallenen Freund wieder zusammenzufügen. Sie konnten sich aber nicht mehr an die richtige Reihenfolge erinnern und legten die Buchstaben falsch zusammen – glaubten sie.

Nun aber tanzte und hüpfte auch das UNISJORE: Es war zur JUNIROSE geworden. Was machte es noch aus, verkannt gewesen zu sein, wenn man in Wirklichkeit ein so schönes Wort wie JUNIROSE in sich trägt!

Ans Auswandern dachte keines der vier Wörter mehr.

Käthe Recheis

Die Königin der Blumen

Der Juni wird auch der Rosenmonat genannt. Nun öffnet die „Königin der Blumen" ihre Blüten. Keine andere Blume spielt in der Geschichte der Menschen eine so große Rolle. Schon Kleopatra, die ägyptische Königin, ruhte auf Kissen, die mit duftenden Rosenblättern gefüllt waren.

In vielen Geschichten, Gedichten und Märchen kommen Rosen vor. Das wohl bekannteste Rosenmärchen ist „Dornröschen":

… Rings um das Schloss aber begann eine Rosenhecke zu wachsen, die jedes Jahr höher ward und endlich das ganze Schloss umzog und darüber hinauswuchs, dass gar nichts mehr davon zu sehen war, selbst nicht die Fahne auf dem Dach. Es ging aber die Sage um in dem Land von dem schönen, schlafenden Dornröschen, denn so ward die Königstochter genannt. Und von Zeit zu Zeit kamen Königssöhne, die versuchten, durch die Hecke hindurch in das Schloss zu gelangen …

Die Rose ist ein Symbol für Schönheit und Liebe, wegen ihrer Dornen aber auch für Stolz und Schmerz.

Wildrosen wie die Hundsrose gehören zu den Urformen unserer Gartenrosen. Sie blühen nur einmal im Jahr. Im Herbst sind sie mit Hagebutten geschmückt.

Dornröschen und der Ritter

Dornröschen erwachte nach tausend Jahren aus einem Zauberschlaf. Vor ihr stand ein schöner Jüngling.

„Oh, edler Ritter", hauchte sie.

„Ich bin kein Ritter", sagte der Jüngling. „Ich bin ein Skater."

„Was ist das?", fragte Dornröschen.

„Einer, der cool ist", erklärte der Jüngling.

„Wieso ist Euch kühl?", fragte Dornröschen. „Habt Ihr Euch erkältet?"

„Wieso sagst du: Ihr?", fragte der Jüngling zurück. „Außer mir ist niemand hier. Ich bin Till. Und wer bist du?"

„Dornröschen", erwiderte die Prinzessin mit einem reizenden Augenaufschlag.

„Die Märchenbraut?", rief Till. „Stark!"

„Ja, Ihr seht kräftig aus", sagte Dornröschen.

Till lachte.

„Euer Helm ist seltsam", meinte Dornröschen. „Und das Wappen ist mir unbekannt. Was ist das für ein Ritterorden?"

„Bayern München", sagte Till.

„Eure Kutsche ist arg klein", fuhr Dornröschen fort.

„Klein, aber schnell", sagte Till. „Steig auf, Prinzessin."

„Bezaubernd!", rief Dornröschen, als sie mit Till den Burgweg hinunterzischte. Schon bald war sie die beste Fahrerin weit und breit.

Martin Klein

21

Kleine Rose

Die kleine Rose will sich mühen,
bis Sonntag duftend aufzublühen.

Am Dienstag hilft des Himmels Segen:
ein winziger Gewitterregen.

Die kleine Rose streckt ins Wetter
den spitzen Dorn, die grünen Blätter.

Am Mittwoch trinkt die Knospe Licht.
Noch aber öffnet sie sich nicht.

Der schlanke Stiel ist hochgesprossen,
doch bleibt die Rose fest verschlossen.

Auch freitags, als ein Schmetterling
schon an der Rosenknospe hing.

Und aus dem Himmel dunkelblau
fiel jede Nacht der klare Tau.

Am Sonntag fängt die Rose kühn
zu duften an und hell zu blühn.

Die erste Biene kommt und schleckt:
wie süß die Rosenblüte schmeckt!

Ein Vogel, der darüber schwebt,
sieht's ebenso: Die Rose lebt.

Eva Rechlin

Die Schmetterlinge tanzen wieder

Wenn die Sonne scheint, sind die Schmetterlinge unterwegs. Mit ihren langen Rüsseln saugen sie Nektar, Honig und süße Säfte aus den Blüten der Pflanzen.

Mit ihren leuchtenden Farben und bunten Mustern tarnen sich die Schmetterlinge, so fallen sie zwischen den Blumen der Wiese kaum auf. Manche Arten – wie das Tagpfauenauge – versuchen ihre Feinde zu erschrecken mit riesigen Augen, die auf die Flügel gezeichnet sind. Alle Schmetterlinge haben zwei große Flügel-paare, die mit winzigen Schuppen bedeckt sind. Diese Schuppen sind sehr empfindlich. Nimmt man einen Schmetterling in die Hand, so können die Schuppen abbrechen. Dann kann der Schmetterling nicht mehr weiterfliegen und muss sterben.

Die Entwicklung zum Schmetterling

Schmetterlinge vermehren sich – so wie alle Insekten – durch Eier. Das Weibchen legt seine Eier auf Pflanzen ab. Von den Blättern und Stielen dieser Pflanzen können sich die geschlüpften Raupen ernähren. Nach einer Woche schlüpft aus jedem Ei eine Raupe. Die Schmetterlings-raupe ist sehr gefräßig. So wächst sie schnell heran. Ist die Raupe etwa einen Monat alt, hört sie auf zu fressen. Sie spinnt sich eine Hülle und hängt sich an einen Stängel. Diesen Vorgang nennt man verpuppen. Ein paar Wochen später zerreißt die Haut der Puppe und der fertige Schmetterling schlüpft heraus.

Erst Ei, dann Raupe, später Puppe und schließlich Schmet-terling: Diese Verwandlung nennt man Metamorphose.

Eier

Larve

Puppe

Schmetterling, du kleines Ding

Text u. Melodie: trad.

Schmet - ter - ling, du klei - nes Ding,

such dir ei - ne Tän - ze - rin, ju - hei - ras - sa, ju -

hei - ras - sa, oh, wie lus - tig tanzt man da.

Lus - tig, lus - tig wie der Wind,

wie ein klei - nes Blu - men - kind. Lus - tig, lus - tig

wie der Wind, wie ein Blu - men - kind.

Rätsel

Weißt du, wer ich bin?
Ich war einmal ein kleines Ding
und kroch von Blatt zu Blatt
und fraß und fraß den ganzen Tag
und wurde niemals satt.

Schmetterling – kleine Tänzerin

Das wird gebraucht:
- Fotokarton
- Wasserfarben + Pinsel
  Schere
- Hölzchen (z. B. Eisstiele)
- Stecknadeln
- Nylonfaden oder dünne
  Schnur

Den Karton in der Mitte
knicken und wieder ausei-
nander falten.

Auf die eine Hälfte Wasserfarben dick aufklecksen.

Die leere Hälfte auf die
bemalte falten und fest
andrücken.

Wieder auseinander falten und
die Farben trocknen lassen.

Schmetterlingsflügel aus-
schneiden.

In die Mitte ein Hölzchen oder
ein kleines Ästchen kleben.

Augen aufmalen und Steck-
nadeln als Fühler einstecken.

Den Schmetterling an einem
Nylonfaden aufhängen.

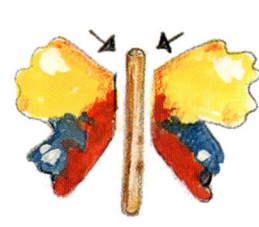

25

Endlich Ferien

Der Koffer

„Endlich geht es wieder auf die Reise!", freute
sich der große braune Koffer, als er hervorgeholt
wurde. Dann gähnte er. Der lange Winterschlaf war nun zu
Ende. Er wurde abgestaubt, der Deckel hochgeklappt und dann
füllte man ihn. Der Koffer war das gewohnt: Wäsche, Kleider,
Bücher, Bademäntel. Man schlug den Deckel zu und zog den
Lederriemen fest. „Nun kann es losgehen!", sagte der Koffer zufrieden, „ach, wie ich das Geschaukle liebe, dies Auf und Ab.
Nun fährt man mich zum Bahnhof, nun trägt man mich in den
Zug, nun hebt man mich ins Gepäcknetz."
„Nicht so rücksichtslos!", hörte er eine Stimme sagen. Neben
ihm lag eine vornehme Hutschachtel. Der Koffer rückte ein
wenig nach der anderen Seite. Da lag ein prall gefüllter Ruck-
sack. Als der Zug sich in Bewegung setzte, war der Koffer
zufrieden. Er reiste für sein Leben gern.
„Herrliches Reisewetter", sagte der Koffer und wandte sich an
die Hutschachtel. Doch die antwortete ihm nicht. Sie war zu
vornehm und tat, als hätte sie ihn nicht gehört. Da schaute der
Koffer seinen zweiten Begleiter an. Er schnupperte: „Sie
riechen nach Schmalzbrot", sagte er.
„Na und", meinte der Rucksack, „warum darf man nicht nach
Schmalzbrot riechen, wenn man eine Wanderung vorhat?"
„In welchem Hotel steigen Sie ab?", fragte der Koffer.
„Hotel?", fragte der Rucksack. „Ich gehe in kein Hotel. Ich
mache eine Bergwanderung!"
„Und nachts?", wollte der Koffer wissen. „Nachts schlafe ich in
einer Berghütte und manches Mal sogar im Freien."
„Sie wollen mir doch nicht erzählen, dass Sie schon mal auf
einer Wiese geschlafen haben?", fragte der Koffer.

„Doch, doch", antwortete der Rucksack fröhlich, „das habe ich. Und ich habe noch viel mehr gesehen: Seen und Berge, blauen Himmel und dunkle Wälder, Schnee auf dem Gipfel und Wasserfälle aus den Felsen, Segelboote auf dem Meer und Dampfer auf den Flüssen."

„Nein, so was…", seufzte der Koffer, „ich wollte, ich könnte auch einmal etwas Ähnliches erleben. Ich kenne nur Autos, Eisenbahn und Hotelzimmer. Und dabei dachte ich immer, ich hätte schon die ganze Welt gesehen, und nun ist das gar nichts gegen die Dinge, die Sie erlebt haben." Auf einmal war er nicht mehr mit seinem Los zufrieden. Vor Sehnsucht seufzte und knarrte er so laut, dass die Hutschachtel noch ein wenig weiter von ihm abrückte. Dann lauschten sie alle drei dem eintönigen Geratter des Zuges, der sie ihrem Ziel entgegenbrachte: den Rucksack zu einem neuen Abenteuer, den Koffer in ein Hotel mit Klimaanlage und die Hutschachtel in eine staubige Stadt.

Sibylle Mews

Spiele für unterwegs

Langeweile auf der Fahrt in den Urlaub? Das muss nicht sein. Auch im Auto, im Zug oder im Flugzeug kann man die Langeweile spielend vertreiben.

Geschichten-Karussell

Denkt euch den Anfang einer Geschichte aus. Zum Beispiel: Es klingelt an der Tür, Lisas Mutter öffnet. Vor ihr steht der Postbote mit einem riesigen Paket: „Wohnt hier eine Lisa Müller? Ich habe ein Paket für sie."
Wie könnte die Geschichte weitergehen? Einer darf anfangen die Geschichte fortzusetzen. Aber nicht mehr als zwei Sätze. Dann ist der nächste Erzähler dran. Die Geschichte wird reihum weitererzählt und bekommt so immer neue interessante Wendungen.

Fünf gewinnt

Markiert auf einem karierten Blatt ein Spielfeld – etwa je 20 Kästchen lang und breit. Ein Spieler entscheidet sich für Kreuzchen, der andere für Kreise. Abwechselnd darf jeder eines seiner Zeichen aufmalen.
Wer hat zuerst fünf Zeichen in einer Reihe oder Diagonalen?

WI-TZ 205

Schaut euch die Nummernschilder der vorbeifahrenden Autos an. In manchen Autokennzeichen sind Wörter oder auch Namen versteckt.
Ihr könnt auch versuchen aus den Buchstaben eines Kennzeichens einen Satz zu bilden. Zum Beispiel: K-SD 771, „Kühe sind doof."

Reime finden

Einer sagt ein beliebiges Wort, beispielsweise „Topf".
Wer als Erster ein Reimwort findet, beispielsweise
„Kopf", darf das nächste Wort vorgeben.
Aus den Reimwörtern können auch
Quatschsätze oder -fragen gebildet werden,
beispielsweise: „Wie kommt der Topf auf den Kopf?"
„Hat der Mopf einen Zopf?"

Wohin geht die Reise?

Wer in den Süden fährt, bewegt sich
auch manchmal nach Westen, Osten
und sogar nach Norden. Der Straßen-
verlauf ist häufig von Kurven, kleineren
Richtungswechseln bestimmt. Es macht Spaß,
die Himmelsrichtung während der Fahrt mit einem
Kompass zu bestimmen und zu verfolgen.

Farbenspiel

Jeder Mitfahrer sucht sich eine Farbe
aus. Gewinner ist, wer in einem fest-
gesetzten Zeitraum die meisten
Autos „seiner Farbe" entdeckt.

Zeitmesser

Mit einer Stoppuhr können während
der Fahrt lustige Zähl- und Wett-
spiele ausgetragen werden, zum
Beispiel „Schweigeminuten".
Wer unterbricht als Erster?

Daheim will ich bleiben!

Text u. Melodie:
Dorothée Kreusch-Jakob

1. Da - heim will ich blei - ben, will mir
selbst die Zeit ver - trei - ben, will mir Luft - schlös - ser
baun und will nach den Wol - ken
schaun und will nach den Wol-ken schaun.

2. … wie ein Heuschreck will ich springen
und mir selbst ein Liedchen singen.

3. … unterm Blätterdach im Garten
will ich auf den Regen warten.

4. … schreib ein Brieflein an den Wind:
„Komm und spiel mit mir geschwind!"

5. … will die Schmetterlinge jagen
und sie nach den Namen fragen.

6. … barfuß übers Wasser gehn
und mein Spiegelbild dort sehn.

7. … hören, was der Vogel singt,
horchen, wie die Stille klingt.

8. … spiel im hohen Gras Verstecken,
will die kleine Welt entdecken.

Ferien-Picknick

Picknick-Brote

Das wird gebraucht:
- 1 Fladenbrot
- 6 Scheiben Käse
- 2 Tomaten
- 1 Gartengurke
  (oder ½ Schlangengurke)
- 6 Salatblätter
- 1 Päckchen Frischkäse
- 1 kleiner Jogurt
- 1 Bund Schnittlauch

Frischkäse, Jogurt und klein geschnittenen Schnittlauch verrühren. Tomaten und Gurken in Scheiben und das Fladenbrot in sechs Stücke schneiden. Jedes Fladenbrotstück in der Mitte einschneiden. Mit der Käsemasse bestreichen und mit einem Salatblatt, 2 Scheiben Tomate, 3 bis 4 Gurkenscheiben und einer Scheibe Käse füllen.

Schichtsalat

Das wird gebraucht:
- 1 bis 2 Stangen Lauch
- 1 Dose Ananas
- 1 Dose Mais
- 100 Gramm gekochter Schinken
- 1 Glas geschnittener Sellerie
- 3 Eier
- 1 Glas Jogurtmajonäse

Eier hart kochen, gekochten Schinken würfeln, Lauch waschen und in schmale Ringe schneiden. Alle Zutaten schichtweise in der Reihenfolge der Liste in eine große Schüssel schichten. Etwa 2 Stunden vor dem Picknick die Jogurtmajonäse unterheben und mit Salz und Pfeffer würzen.

Paule Puhmanns Paddelboot

Text u. Melodie:
Fredrik Vahle

1. In Pau - le Puh - manns Pad - del - boot, da
pad - deln wir auf See. Wir pad - deln
um die hal - be Welt. A - lo - ha - ho - ha - hee!
Gu - ten Tag, auf Wie - der - sehn!
Gu - ten Tag, auf Wie - der - sehn!

2. In Portugal, da winkte uns
die Anabela zu.
Die fragte: „Darf ich mit euch mit?"
„Na klar, was denkst denn du!"
Bom dia, adeus!
Guten Tag, auf Wiedersehn!
Bom dia, adeus!
Guten Tag, auf Wiedersehn!

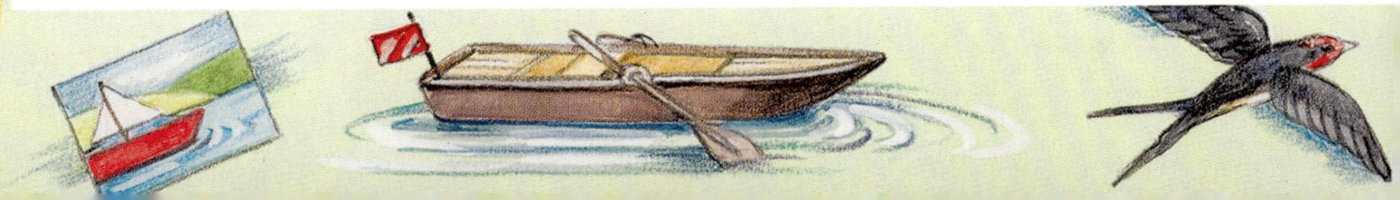

3. In Spanien war es
   furchtbar heiß,
   da stieg der Pedro zu.
   Der brachte Apfelsinen mit,
   die aßen wir im Nu,
   Buenos dias, hasta la vista!
   Guten Tag, auf Wiedersehn!
   Buenos dias, hasta la vista!
   Guten Tag, auf Wiedersehn!

4. Und in Italien
   war'n wir auch,
   da kam die Marinella.
   Die brachte Tintenfische mit
   auf einem großen Teller.
   Buon giorno, arrivederci!
   Guten Tag, auf Wiedersehn!
   Buon giorno, arrivederci!
   Guten Tag, auf Wiedersehn!

5. Als wir in Jugoslawien war'n,
   kam einer angeschwommen
   und der hieß Janko Jezovsek.
   Wir ham ihn mitgenommen.
   Dobar dan, dovi dschenja!
   Guten Tag, auf Wiedersehn!
   Dobar dan, dovi dschenja!
   Guten Tag, auf Wiedersehn!

6. Und rund um
   den Olivenbaum,
   da tanzten wir im Sand.
   Wir nahmen den Wasili mit,
   das war in Griechenland.
   Kalimera, jassu, jassu!
   Guten Tag, auf Wiedersehn!
   Kalimera, jassu, jassu!
   Guten Tag, auf Wiedersehn!

7. Dann fuhr'n wir weiter
   übers Meer
   bis hin in die Türkei.
   Von da an war'n auch Ahmet
   und die Ayşe mit dabei.

   Merhaba, güle, güle!
   Guten Tag, auf Wiedersehn!
   Merhaba, güle, güle!
   Guten Tag, auf Wiedersehn!

Sprach-Tipps für den Urlaub

Schnellkurs in sechs Sprachen

Deutsch
Hallo!
Ich heiße … und du?
Danke!
Auf Wiedersehen!

Englisch
Hello!
My name is … and yours?
Thank you!
Good bye!

Französisch
Salut!
Je m'apelle … et toi?
Merci!
Au revoir!

Italienisch
Ciao!
Mi chiamo … e tu?
Grazie!
Arrivederci!

Spanisch
¡Hola!
¿Me llamo … y tu?
¡Gracias!
¡Adios!

Türkisch
Merhaba!
Benim adim … senin?
Tesekkür ederim!
Hoscakal!

Ferien-Erinnerungs-Bild

Wohin mit all den Mitbringseln und Fundstücken, die man aus dem Urlaub mitbringt? Schade, wenn sie in irgendeiner Krims-Kramkiste verschwinden, daraus lässt sich ein schönes Ferien-Bild basteln.

Das wird gebraucht:
- Deckel eines Schuhkartons
- Plastikdecke
- Zeitungspapier
- alte Schüssel
- 1 Kilo Gips
- Bastelfarben
- 2 dicke Nägel
- Schnur

Den Schuhkartondeckel auf eine Plastikdecke legen. *(Vorher einige Lagen Zeitungspapier unterlegen.)*

Den Gips mit Wasser zu einem dickflüssigen Brei anrühren, eventuell mit etwas Farbe – beispielsweise Blau – einfärben.

Den Gips in den Deckel gießen. Dann die Fundstücke oder andere Mitbringsel hineindrücken. *(Zügig arbeiten, da der Gips schnell hart wird.)*

Für die Löcher zum Aufhängen zwei dicke Nägel in den noch weichen Gips stecken. Sobald der Gips etwas angetrocknet ist, die Nägel wieder herausziehen.

Bis das Kunstwerk gut durchgetrocknet ist, dauert es einige Tage. Dann erst das Bild aus dem Deckel nehmen. Eine Schnur durch die Löcher ziehen und aufhängen.

Am Wasser und am Strand

Die Flaschenpost

Der achte Urlaubstag fing genauso
an wie die anderen. Gleich nach dem
Frühstück fuhren sie alle an den Strand. Mias Vater verzog sich in
den Schatten und las Zeitung, Mama und Nora, Mias große
Schwester, cremten sich ein, bis sie glänzten, und legten sich in die
Sonne. Zuerst vertrieb Mia sich die Langeweile damit, dass sie
Salzen und Pfeffern spielte und Nora Sand auf den eingecremten
Bauch streute. Meistens machte Nora das so wütend, dass sie Mia
den ganzen Strand entlangjagte, was ziemlichen Spaß machte.
Aber heute wischte Nora sich bloß den Sand vom Bauch und
sagte, ohne die Augen zu öffnen: „Bau dir 'ne Sandburg, Kleine,
und kriech ganz tief rein, ja?"
Mia hatte natürlich keine Lust, alberne Baby-Sandburgen zu
bauen, und für eine richtig große Sandburg war kein Platz zwischen all den Bäuchen und Beinen. Also hockte Mia nur da,
bohrte die Zehen in den Sand, starrte aufs Meer hinaus und
guckte alle zehn Minuten auf ihre wasserfeste Uhr. Um eins ging
ihr Vater immer mit ihr Eis essen. Aber das dauerte noch ewig.
Das Meer leckte an ihren Zehen. Eine leere Flasche Sonnencreme
schwamm auf dem Wasser, ein paar Eisstiele, eine Sandale und,
etwas weiter weg, eine grüne Flasche. Irgendwas steckte da drin,
etwas Weißes. Sah aus wie ein zusammengerollter Zettel …
Eine Flaschenpost! Mia sah sich um. Niemand sonst schien die
Flasche bemerkt zu haben. Schnell lief sie ins Meer und fischte sie
aus dem Wasser. Dann setzte sie sich wieder in den Sand und lugte
neugierig durch das grüne Glas. Ja, da steckte ein zusammenge-
rolltes Stück Papier drin. Und es war auch was draufgeschrieben.
Mia zerrte erst mit den Fingern am Korken, dann mit den
Zähnen. Endlich flutschte er raus.

Das Blatt war ein bisschen feucht geworden. Mia rollte es auseinander und strich es mit sandigen Fingern glatt.

Wer dies Geheimnis löst, las sie, *kriegt einen Schatz. Folge den fünf schwarzen Steinen und finde das, was blaue Punkte hat.*

Erstaunt guckte Mia sich um.

Schwarze Steine. Wie sollte sie in dem Menschengewimmel schwarze Steine finden? Sie stand auf und schlenderte suchend am Wasser entlang. Tatsächlich, da lag ein schwarzer Stein. Den nächsten fand Mia zwei Meter weiter. Eine Frau wollte gerade ihre Strandtasche draufstellen. Der dritte lag ein ganzes Stück weiter auf einem leeren Handtuch und der vierte schmückte die Spitze einer Sandburg. Mia nahm ihn in die Hand und sah sich um.

Lauter fremde Gesichter. Hatte sie sich jetzt verlaufen? Nein, dahinten wälzte Nora sich gerade vom Bauch auf den Rücken. Beruhigt ging Mia weiter. Wo war der fünfte Stein? Sonnenschirme, nackte Bäuche, zerfledderte Zeitungen, angebissene Brote und – da lag er! Schwarz und glatt. Neben einer Fünf aus kleinen Muscheln. Nachdenklich hob Mia ihn auf. Jetzt fehlte nur noch das Etwas mit blauen Punkten.

„Vielleicht ein Ball", murmelte Mia.

„Oder ein Handtuch." Hinter ihr kicherte jemand. Mia drehte sich um.

Ein Mädchen grinste sie an. Ungefähr so alt wie Mia, na ja, vielleicht etwas älter.

„Hallo", sagte sie. „Ich bin Etta."

Ettas Badeanzug hatte mindestens tausend blaue Punkte.

„Her mit dem Schatz", sagte Mia. „Ich hab dich."

Etta grinste noch breiter, griff in den Brustbeutel, der um ihren Hals baumelte, und hielt Mia eine kleine Krebsschere hin. „Da! Ist das Beste, was ich hier bisher gefunden hab. Ich hab schon 'ne Menge gefunden. Aber die meiste Zeit langweilt man sich, oder?"

Mia nickte und ließt die Krebsschere auf- und zuklappen. „Wo sind deine Eltern?", fragte sie.

Etta zeigte auf zwei Liegestühle. „Schlafen. Da muss man sich schon was einfallen lassen, um die Zeit totzuschlagen."

Den Rest der Ferien verschickten Mia und Etta gemeinsam Flaschenpost-Briefe. Etta schrieb sie, Mia warf sie ins Meer. Sie suchten zusammen Flaschen und Schätze, aber so was Tolles wie die Krebsschere fanden sie leider nicht noch mal. Sie malten Steine schwarz an, legten die Steinspuren und beobachteten, wer ihre Post aus dem Wasser fischte.

Einmal fand ein Junge, der sie schon oft geärgert hatte, die Flasche. Da buddelte Mia Etta ein, bis nur noch der Kopf rausguckte und kein einziger blauer Punkt ihres Badeanzugs mehr zu sehen war.

Der Blödmann suchte den ganzen Strand nach blauen Punkten ab. Ziemlich dumm sah er dabei aus. Etta kriegte vom Zuschauen so einen Kicheranfall, dass der Sand von ihrem Bauch rutschte und Mia ganz schnell neuen draufschaufeln musste.

Irgendwann warf der Junge die Flasche wütend zurück ins Meer und Etta sagte: „Tja, unsere Schätze kriegen eben nur Leute, die uns gefallen. Stimmt's?"

„Stimmt auf jeden Fall", sagte Mia. Und dann warteten sie auf den nächsten Flaschenpost-Finder.

Cornelia Funke

Kindersand

Das Schönste für Kinder ist Sand.
Ihn gibt's immer reichlich.
Er rinnt unvergleichlich
Zärtlich durch die Hand.

Weil man seine Nase behält,
Wenn man auf ihn fällt,
Ist er so weich.
Kinderfinger fühlen,
Wenn sie in ihm wühlen,
Nichts und das Himmelreich.

Denn kein Kind lacht
Über gemahlene Macht.

Joachim Ringelnatz

Wassergucker

Das wird gebraucht: • leere Blechdose, • Büchsenöffner
• Klarsichtfolie, • Gummiring

Von einer Blechdose Deckel und Boden entfernen. Über eine der beiden Öffnungen ein Stück Klarsichtfolie legen und mit einem Gummiring an der Dose befestigen. Die Folie ganz straff spannen.

Den Wassergucker mit der Folienseite nach unten ins Wasser tauchen. Dabei drückt das Wasser die Folie leicht nach oben und der Wassergucker wird wie eine Linse zur Lupe: Man sieht alles vergrößert.

Im großen blauen Meer

Text: Bernd Kohlhepp
Melodie: Jürgen Treyz

Refr.

Im gro - ßen blau - en Meer schwimmt

al - ler - hand um - her: Fi - sche, Al - gen,

Was - ser - schne - cken, und was kann man noch ent - de - cken?

Al - les oh - ne Zahl und ab und zu ein

Wal. 1. Der Sä - ge - fisch, der eilt in Mei - len,

um das Was - ser zu durch - tei - len. Mu - scheln glot - zen

un - be - irrt, weil aus dem Meer kein hal - bes wird.

2. Im großen blauen Meer …

Die Seekuh auf dem hohen Riff
liegt so krumm da und so schief.
Die Welle spült ihr in das Maul,
zum Schwimmen ist sie grad zu faul.

3. Im großen blauen Meer …

Sieht man mal genauer hin,
sieht man auch den Pinguin:
Trägt auf Weiß den schwarzen Frack,
weil er gern Kontraste mag.

4. Im großen blauen Meer …

Hört man's kichern, hört man's lachen,
hört man's dumme Witze machen,
zudem krächzen, glucksen, schrein,
dann kann's ja nur die Lachmöwe sein.

5. Im großen blauen Meer …

Und die lieben kleinen Nixen
sitzen in Konservenbüchsen.
Dies ist nun mal ihr Zuhaus,
wenn's rostig wird, dann ziehn sie aus.

6. Im großen blauen Meer …

Die Seegurk liegt am Grund vom Meer,
jammert ziemlich, heult auch sehr.
Den Grund, den kann man nicht verstehn
und Tränen ja im Meer nicht sehn.

Der Seewolf

Im Schwarzen Meer trieb ein Pirat sein Unwesen, der Seewolf genannt wurde. Er war verfressen. Er hatte sieben Köche, aber nur eine einzige Kanone. Jeder heuerte gerne bei ihm an. In jedem Hafen wusste man: Beim Seewolf gibt es viel zu essen und wenig zu erobern. Bei ihm wurde viel gerülpst und gefurzt, aber wenig geschossen.

Seine Mannschaft wurde fett und fetter dabei. Schon mussten die Türen an Bord verbreitert werden, damit auch jeder ungehindert hindurchkam. Den dicksten Bauch hatte der Seewolf selber.

Es war kurz vor dem zweiten Mittagessen, als der Junge oben im Mast durch sein Fernrohr ein Schiff entdeckte.

„Fette Beute, backbord voraus!", brüllte er. „Fette Beute! Ein Handelsschiff mit acht Segeln. Es muss gut beladen sein. Es hat Tiefgang. Fette Beute in Aussicht!"

„Alle Mann an Deck!", kommandierte der Erste Offizier.

„Och", maulte die Mannschaft. „Muss das denn gerade jetzt sein? Es gibt gleich als Vorsuppe Spargelcreme mit …"

„Beeilt euch lieber mit dem Überfall, sonst wird alles kalt!", drohte der Chefkoch laut.

„Also los, Leute! Greifen wir uns die Beute!", schlug der Seewolf vor. „Wir rauben sie rasch aus und dann speisen wir."

Aber als der Seewolf und seine Piraten an Deck standen, wurde ihnen ganz komisch zu Mute. Das Handelsschiff war viel größer und schneller als ihr Piratenschiff.

„Die haben zwanzig Kanonen und wir nur eine!"

„Na und? Dafür sind wir Piraten und dort an Bord befinden sich nur Kaufleute. Sie müssen Angst vor uns haben. Nicht wir vor ihnen. Das gehört sich so."

Das Handelsschiff floh jedoch nicht. Es segelte geradewegs auf das Piratenschiff zu.

„Ergebt euch!", rief der Seewolf. „Wenn ihr uns eure Schätze gebt, wird euch nichts passieren!"

„Und wenn nicht?", tönte eine Stimme von dem anderen Schiff zurück.

„Dann beschießen wir euer Schiff. Wir kommen an Bord und verprügeln euch. Wir ziehen euch die Ohren lang! Treten euch in den Hintern und …" Weiter kam der Seewolf nicht. Von dem anderen Schiff hallte dröhnendes Gelächter herüber.

„Willst du uns mit deiner Kanone drohen? Funktioniert die überhaupt noch?"

Der Seewolf hatte sie lange nicht mehr ausprobiert. Er rief zurück: „Ich glaube schon!"

„Soso, du glaubst. Wie schön für dich."

Der Seewolf schluckte schwer. „Die anderen Handelsschiffe haben sich alle so ergeben. Es gab nie größeren Ärger. Wir sind auch meist bescheiden. Wir wollen gar nicht alles. Die Hälfte eurer Schätze würde uns schon reichen!"

Wieder war Gelächter die Antwort.

„Na gut, dann gebt uns wenigstens ein bisschen. Ein Fässchen Wein – oder habt ihr Pralinen?"

„Haben wir! Und die behalten wir auch!"

Jetzt wurde der Seewolf traurig.

„Lasst uns weiterfahren", sagte sein Chefkoch. „Hier kriegen wir nur Probleme."

„Wenn ihr euch jetzt nicht ergebt, dann werde ich echt sauer!"
„Und was passiert dann?", wehte die Stimme herüber.
„Dann komme ich persönlich rüber und ge …"
„Du blöder Fettwanst! Du und deine dicke Meute, euch nimmt schon lange keiner mehr ernst!" Dann hisste das Handelsschiff alle Segel und fuhr einfach weiter.
„Halt!", schrie der Seewolf. „Halt!"
Aber es nützte nichts.
„Kommt ihr jetzt endlich zum Essen?", fragte der Chefkoch.
„Es gibt Spargelcremesuppe mit einer Prise Knoblauch. Dann Haifischstückchen am Spieß, Lammbraten mit Kartoffelsalat und zum Nachtisch erst Erdbeeren mit Sahne und dann Karamellcreme mit Schokoladensoße."
Die Piraten nahmen an den langen Tischen Platz. Die Suppe war noch heiß. Sie speisten mit gutem Appetit.
Über den Vorfall mit dem Handelsschiff redete nie wieder jemand.

Klaus-Peter Wolf

Piraten-Wasser-Spiele

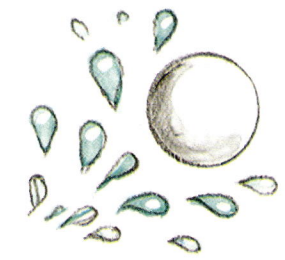

Wasserrakete

Das wird gebraucht: • ein Softball oder ein Tischtennisball
Ein Kind drückt den Ball unter das Wasser und lässt ihn dann los.
Wer fängt die Rakete auf?

Schiffe versenken

Das wird gebraucht: • 2 Plastikschüsseln
Die Kinder bilden zwei Gruppen.
Die beiden Schüsseln treiben als
Schiffe auf dem Wasser. Jede
Gruppe stellt sich im Kreis um ihre
Schüssel und schaufelt Wasser in die Schiff-Schüssel.
Welches Schiff geht zuerst unter? Und wer holt es wieder hoch?

Der Hai hat Hunger

Das wird gebraucht: • ein Schwimmring
Der Schwimmring wird ins Wasser
geworfen. Die Kinder wählen einen Hai. Die
anderen sind die Fische. Die Fische hüpfen im Wasser
um den Hai herum und fragen immer wieder: „Hai, hast du
Hunger?" Wenn der Hai antwortet: „Fischfutter, ich brauch Fischfutter!", müssen die Fische den Schwimmring erreichen. Wer zuerst
vom Hai gefressen wird, ist das nächste Mal selbst der Hai.

Luftkissenboot

Das wird gebraucht: • ein alter Bettbezug, • viele Luftballons
Die Luftballons aufblasen, zuknoten und möglichst viel in den
Bettbezug stopfen. Dieses Luftkissenboot wird aufs Wasser gelegt.
Wer schafft es heraufzuklettern?

Die Schwäne auf dem Wasser

Der kleine Junge hatte in diesem Sommer
schwimmen gelernt. Er war noch sehr klein und
alle Leute bewunderten ihn. „Seht mal", sagten die Leute, „der
kleine Junge kann schwimmen."
Zum ersten Mal schwamm er heute ganz allein. Kein Vater war
dabei, niemand am Ufer sah ihn. Der See war groß und glatt;
er lächelte im Sonnenschein. Seerosenfelder blühten gelb und
weiß.
Zwischen den Seerosenfeldern, auf einer blanken Wassergasse,
schwamm der kleine Junge vom Ufer weg und hin zu einem
Pfahl. Dort hielt er sich fest, das Kinn knapp über dem Wasser,
und verschnaufte. Die Wiese am Ufer erschien ihm fern, die
Büsche und Bäume ruhten reglos wie im Schlaf.
Der kleine Junge war glücklich und stolz. „Ich habe keine Angst
mehr", sagte er zu sich selber, „ich könnte sonstwohin und
sonstwieweit noch schwimmen."
Nun sah er die Schwäne. Es waren drei und sie zogen gemäch-
lich heran, zwischen den Seerosenfeldern die blanke Wasser-
gasse herauf, leicht und ruhig wie weiße, segelnde Schiffe.
Der kleine Junge blieb am Pfahl. Zwei Lehren hatte ihm sein
Vater gegeben: „Den Seerosen weiche aus, den Schwänen
komm nicht zu nahe. Hüte dich, pass auf!"
Die Schwäne begannen zu fressen. Sie beugten die hohen Hälse
nieder und schnatterten mit den harten Schnäbeln flach durchs
Wasser. Die schweren Schwingen waren aufgestellt und sahen
aus, als wären sie federleicht.
Der kleine Junge klebte am Pfahl. Das Holz war glatt, von
Algen bewachsen, und die Schwäne ließen sich Zeit. Sie gaben
den Weg nicht frei, die blanke Wassergasse blieb versperrt.

Der Junge fror. Er war klein und ein bisschen mager, darum fror er bald und wünschte, dass die Schwäne jetzt verschwinden möchten. Er überlegte auch, ob er die Seerosenfelder nicht umschwimmen sollte; doch er war nun schon lange im Wasser und fühlte sich nicht mehr so stark, seine Muskeln waren kalt. Der kleine Junge wagte nicht, die Seerosenfelder zu umschwimmen.

Die Schwäne indessen glitten langsam näher. Sie fraßen nach links und rechts und glitten auf den kleinen Jungen zu. Er hörte ihre Schnäbel schnattern und er wusste, dass diese Schnäbel zuschlagen konnten, heftig wie die Faust eines Mannes.

Noch beachteten sie den kleinen Jungen nicht. Er verhielt sich still. Er fror immer mehr und die Schwäne lagen drei Schritte entfernt auf dem Wasser. Sie fraßen nicht mehr und rührten sich nicht. Ihre großen Körper schaukelten sanft.

Der kleine Junge musste schwimmen. Es gab keine Wahl, er musste schwimmen – oder er würde versinken, hier am Pfahl, von keinem bemerkt.

Warum rief er nicht um Hilfe?

Es gab keine Hilfe. Kein Vater, niemand am Ufer sah ihn. Der kleine Junge musste schwimmen. Er sammelte all seinen Mut und zog die Füße an den Leib und stieß sich ab vom Pfahl. Das Wasser rauschte auf, eine Welle schoss voran, den Schwänen unter den weißen Bug. Sie äugten scheel, die Schnäbel aufrecht und abgewandt, und wichen lautlos zur Seite.

Der kleine Junge aber schwamm. Sein Kopf war steil erhoben und hinten am Wirbel spießten die kurzen, blonden Haare hoch.

Benno Pludra

Lebensraum Teich

Teiche und Tümpel bilden einen Lebensraum für viele Tiere und Pflanzen. Hier gibt es Insekten, Fische, Frösche, Molche und Vögel. Wasserpflanzen bieten den Tieren Schutz und Nahrung.

Libellen schwirren blitzschnell übers Wasser. Wie Mini-Hubschrauber können sie auch in der Luft stehen bleiben oder rückwärts fliegen.

Vögel brüten im Schutz des Schilfwaldes.

Im Hochsommer verlassen winzige Grasfrösche den Teich und leben fortan auf feuchten Wiesen. Frösche beginnen ihr Leben als Kaulquappen im Wasser. Erst als ausgewachsene Frösche klettern sie an Land.

Im Zeitlupentempo kriechen Schlammschnecken zwischen den Wasserpflanzen umher.

Die Schwäne

Auf pflanzenreichen Teichen sind auch die Höckerschwäne zu Hause. Ihr Gefieder ist schneeweiß, an dem schwarzen Höcker auf dem orangeroten Schnabel sind sie gut zu erkennen. Während sie auf dem Teich dahingleiten, senken sie ihren langen Hals immer wieder ins Wasser und fressen dabei Blätter und Stängel der Wasserpflanzen. Das nennt man gründeln.

Im hohen Schilf am Rande des Teichs oder auf kleinen Inseln bauen die Schwanenpaare ihre Bodennester. Dort brüten sie auch ihre Eier aus. Schon wenige Tage nach dem Schlüpfen folgen die Jungen ihren Eltern ins Wasser. Gerne lassen sie sich auch von ihnen auf dem Rücken über den Teich tragen.

Schwäne sollte man nicht reizen. Wenn sie sich bedroht fühlen, zischen sie laut. Schlägt das den Eindringling nicht in die Flucht, schlagen sie mit ihren großen Flügeln oder beißen zu.

Bis zu ihrem zweiten Lebensjahr haben junge Höckerschwäne graue Schnäbel und ein bräunliches Gefieder.

Die Hitze
des Sommers

Sommerhitze

Kinder, ist das eine Hitze!
Kinder, ist das heute heiß!
Nur zwei Sachen gibt's,
die nützen:
baden gehen oder Eis.

Beides ist nicht zu verachten.
Wüsst ich doch,
was besser tät –
wenn man Eis kauft
oder lieber
für das Geld
ins Schwimmbad geht!

An 'ner Waffel lutsch ich
höchstens
zehn Minuten, das ist klar!
Doch wie kühlend ist es,
wenn ich
lange Zeit im Wasser war!

Darum nur nicht
lang gefackelt,
schnell die Badehose her!
Ist auch unser kleines
Schwimmbad
leider nicht das große Meer.

Ah, was macht das Baden
Freude!
Hitze? Pah, was stört uns die?
Und wir brausen,
schwimmen, spritzen,
springen, tauchen
wie noch nie.

Über Wasser, unter Wasser!
Nur recht kräftig Luft
geschnappt.
Ja, sogar vom Brett
zu springen,
hat heut endlich mal geklappt.
Morgen gehn wir
wieder baden –
und der Winter ist so weit!
Sonnenschein und
Wasserplanschen!
Herrlich ist die Ferienzeit!

Christel Süssmann

Die Sonnenblumen

Sonnenblumen sind richtige Sonnenanbeter. Sie drehen ihre Köpfe immer zur Sonne. So kommt es, dass auf den Feldern alle Sonnenblumen immer in die gleiche Richtung schauen.

Eine Sonnenblume kann über 2 Meter hoch werden. Den großen Blütenkopf trägt die Pflanze fast erhobenen Hauptes, da ihr rohrartiger Stängel sehr stabil ist. Gegen Ende des Sommers vertrocknet der große Blütenkranz und ein Korb voller Kerne wird sichtbar. Vögel picken sich heraus, was sie erhaschen können. Doch bald fährt der Bauer die Ernte ein. Aus den Kernen wird Öl gepresst – Sonnenblumenöl.

Der Blütenkopf der Sonnenblume sieht wie eine Sonne aus. Daher hat sie ihren Namen.

Die großen Blätter der Sonnenblume sind rau wie Schmirgelpapier.

Sommer-Olympiade

Wie wär's mit einer Sommer-Olympiade? Je mehr Kinder mitmachen, desto lustiger wird es. Ein Stück Strand, eine Wiese, ein freier Platz oder ein großer Garten können zum Austragungsort werden. Erwachsene werden als Schiedsrichter gebraucht und zum Verteilen der Medaillen, die vorher gemeinsam gebastelt werden.

Dreibeinrennen

Immer zwei Kinder bilden ein Paar. Mit einem Band oder einem Tuch werden sie am Bein zusammengebunden.
Welches Paar gewinnt das Dreibein-rennen?

Ringwerfen

An einem Ast wird ein großer Ring (kann aus einem Drahtkleiderbügel gebogen werden) aufgehängt. Jeder Sportler bekommt drei Tennisbälle.
Wer wirft die meisten Bälle durch den Ring?

Hindernisrennen

Eine Laufstrecke wird festgelegt, verschiedene Hindernisse werden eingebaut. Dann wird der Rennverlauf festgelegt. Zum Beispiel: auf einer markierten Linie balancieren, über einen Karton hüpfen, eine Leiter hinauf- und herunterklettern, unter einem Seil durchkriechen.
Welche Mannschaft schafft den Hindernislauf am schnellsten?

58

Wettrudern

Die Ruderer knien auf Skateboards. Nach dem Startzeichen stoßen sie sich mit den Händen vom Boden ab und rudern so zum Ziel.
Welcher Ruderer erreicht als Erster das Ziel?

Dressurreiten

Immer zwei Kinder sind „Pferd" und „Reiter". Das größere, stärkere Kind kniet als Pferd auf allen vieren. Das kleinere, leichtere klettert auf den Pferderücken.
Welches Paar zeigt die schönsten Dressurnummern?

Gespensterrennen

Immer zwei Läufer treten gegeneinander an. Mit einem großen Tuch über dem Kopf rennen sie vom Start Richtung Ziel. Geleitet werden sie durch die Zurufe ihrer Mannschaften. In welcher Mannschaft sind die meisten Sieger?

Gold-Medaillen

Aus Pappe Kreise ausschneiden und mit Goldpapier bekleben. Ein Loch hineinstechen und eine Kordel durchziehen. Jede Medaille mit einem aufgeklebten Bonbon schmücken.

Fischbrötchen im Kuhstall

Es war einmal eine große Schildkröte,
die hieß Emma, und eine kleine Schildkröte,
die war nur so groß wie ein Brötchen und deshalb nannten
wir sie Fischbrötchen. Sie wohnten in unserem großen Aquarium und eines Tages passierte es dann:
Emma kletterte auf ein Stück Holz, das in dem Aquarium
schwamm, und sonnte sich. Fischbrötchen kletterte ebenfalls
auf das Holz und weiter auf Emmas Rücken und sonnte sich
auch. Aber Emma wurde böse und schüttelte sich – bums, fiel
Fischbrötchen aus dem Aquarium und landete auf dem
Teppich. Und weil Fischbrötchen sehr neugierig war, krabbelte sie aus dem Zimmer auf den Balkon, streckte den Kopf
durch das Balkongitter und sauste weiter – sssssssssst-bums,
mitten ins Erdbeerbeet. ·
Zuerst aß Fischbrötchen sich an den Erdbeeren richtig satt.
Dann krabbelte sie weiter und kam zu einem Grashaufen. In
den wühlte sie sich rein, um zu schlafen, aber da kam der
Bauer Wagner mit dem Traktor angerattert. Er lud den Gras-
haufen auf den Traktor und fuhr, butt, butt, butt, butt, butt,
zurück ins Dorf. Er nahm den Haufen Gras und brachte ihn
in den Kuhstall.
„Da, Liese, hast du dein Mittagessen. Und guten Appetit!"
Die Kuh fing an zu fressen – da war plötzlich vor ihr ein Tier,
das hatte sie in ihrem ganzen Leben noch nicht gesehen.
Und Fischbrötchen guckte hoch zu einem Tier, das hatte sie
ebenfalls in ihrem ganzem Leben noch nicht gesehen.
„Wer bist du?", fragte die Kuh.
„Ich bin eine Schildkröte und heiße Fischbrötchen", sagte
Fischbrötchen. „Und wer bist du?"

„Ich bin eine Kuh – das weiß doch jeder!", sagte die Kuh.
„Und warum hast du zwei Kleiderhaken am Kopf?", fragte Fischbrötchen.
„Das sind doch keine Kleiderhaken – das sind meine Hörner!", sagte die Kuh
„Und warum hast du so einen komischen Waschlappen im Maul?", fragte Fischbrötchen.
„Das ist doch kein Waschlappen – das ist meine Zunge!"
„Und warum hast du zwei schwarze Pinsel neben den Kleiderhaken?"
„Das sind keine schwarzen Pinsel – das sind meine Ohren!", sagte die Kuh.
„Und warum hast du so einen großen Handschuh zwischen den Beinen?", fragte Fischbrötchen.
„Das ist doch kein Handschuh, das ist mein Euter, damit gebe ich Milch!"
„Und warum hast du einen Strick am Hintern?", fragte Fischbrötchen.
„Das ist doch mein Schwanz, damit verscheuche ich Fliegen!"
„Und warum hast du dir einen schwarzweißen Bettvorleger um den Bauch gewickelt?", fragte Fischbrötchen.
„Das ist kein Bettvorleger – das ist mein Fell!", sagte die Kuh.
„Aber was hast *du* denn für ein komisches Fell? Das sieht ja aus wie altes Knäckebrot!"
„Das ist kein Fell – das ist mein Schildkrötenpanzer!", sagte Fischbrötchen. „Und da kann sogar eine Kuh drauf stehen!"
„Waas?", sagte die Kuh. „Das muss ich gleich mal ausprobieren." Und sie versuchte sich mit allen vier Beinen auf Fischbrötchen zu stellen. Aber sie rutschte aus, kullerte durch den Kuhstall, flog gegen die Kuhstalltür, die Kuhstalltür flog auf und die Kuh kullerte mitten auf den Bauernhof.
„Ach du meine Güte!", rief die Bauersfrau, warf vor Schreck

den frischen Pflaumenkuchen auf den Misthaufen, lief, tripp, tripp, trapp, die Treppe hoch, machte die Haustür auf, lief durch den Flur, machte die Küchentür auf und sagte zum Bauern: „Bauer, bei uns im Kuhstall ist ein Monster, das hat gerade die Kuh zum Kuhstall rausgekullert!"

„Waaas?", sagte der Bauer und bekam Angst. Aber dann setzte er seinen Feuerwehrhelm auf, schlich auf den Zehenspitzen über den Hof zum Kuhstall, guckte vorsichtig durchs Kuhstallfenster – und was sah er da?

Eine Schildkröte, die nicht größer war als ein Brötchen.

„Aha", sagte der Bauer, „ich weiß, wo du herkommst."

Er brachte Fischbrötchen zu uns zurück und jetzt sitzt sie wieder im Aquarium.

„Gibt es außer uns noch andere Tiere auf der Welt?", fragte Emma.

„Ja", sagte Fischbrötchen, „die Kühe!"

„Und haben die auch einen Panzer wie wir?", fragte Emma.

„Nein", sagte Fischbrötchen, „ sie haben Hörner, Ohren, eine Zunge, einen Euter, einen Schwanz und ein schwarzweißes Fell."

„Waaas?", sagte Emma „Das verstehe ich nicht."

„Wenn du's nicht verstehst, dann will ich's dir erklären", sagte Fischbrötchen. „Kühe sind ganz große Tiere. Die haben Kleiderhaken und schwarze Pinsel am Kopf, einen großen Handschuh zwischen den Beinen und einen roten Waschlappen im Maul. Sie haben einen Strick am Hintern und einen schwarzweißen Bettvorleger um den Bauch gewickelt. Und sie wohnen in einem riesengroßen Aquarium, da sind sogar Fenster drin, und auf dem Boden liegen Stroh und Spinat."

„Unglaublich!", sagte Emma und dachte noch lange über Fischbrötchens Geschichte nach.

Fredrik Vahle

Kühe – Grasrupfer und Wiederkäuer

Kühen beim Fressen zuzuschauen ist für Stadtkinder immer ein Erlebnis. Da die Kuh im Oberkiefer keine Zähne hat, muss sie Gras und Klee mit der Zunge ausrupfen. Die lange, raue Zunge der Kuh packt das Futter wie eine kräftige Hand. Etwa 50 Kilo Gras und Klee verschwinden so täglich im Maul der Kuh.

Wenn die Kuh scheinbar faul auf der Wiese liegt, kaut sie das, was sie vorher gefressen hat, noch einmal durch. Denn zunächst verschlingt sie ihr Futter fast ohne es zu zerkleinern. Stunden später würgt sie es wieder nach oben, um es diesmal sorgfältig zu kauen. Diesen Vorgang nennt man Wiederkäuen.

Milch

Die Milch entsteht im Euter der Kuh. Etwa 40 Liter täglich sind das bei einer guten Milchkuh. Mit der Milch ernährt die Kuh ihr Kind – das Kälbchen. Aus den vier Zitzen des Euters kann es die Milch heraussaugen. Mit drei Monaten frisst das Kalb schon Gras. Aber die Kuh hat noch lange Milch.

Der Cowboy Jim aus Texas

Text u. Melodie: Fredrik Vahle

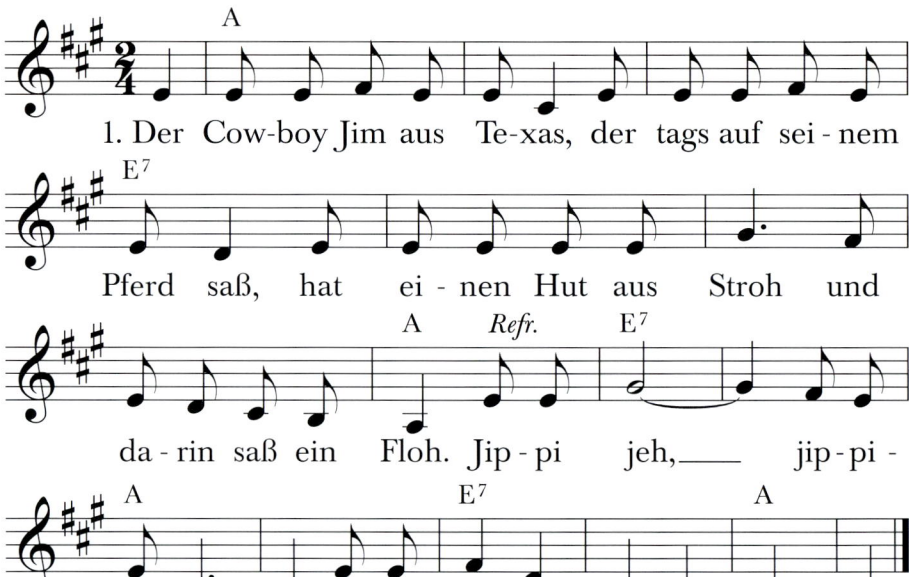

1. Der Cow-boy Jim aus Te-xas, der tags auf sei-nem Pferd saß, hat ei-nen Hut aus Stroh und da-rin saß ein Floh. Jip-pi jeh,— jip-pi-jeh.— Jip-pi-jeh, jeh, jeh, jeh, jeh.—

2. Der Floh tat Jim begleiten,
   er hatte Spaß am Reiten.
   Und ging der Jim aufs Klo,
   dann tat das auch sein Floh.
   Refrain

3. Oft macht das Reiten Mühe.
   Jim hütet hundert Kühe.
   Da kommt er oft in Schweiß
   und ruft: Ach, was 'n Scheiß!
   Refrain

4. Am Tschikitschobasee
   ruft Jim sein Jippijeh.
   Doch einst am Lagerfeuer
   da war's ihm nicht geheuer.
   Refrain

5. Im ersten Morgengrauen
   da wollt man Jim verhauen.
   Man schlich zu Jimmy fix,
   der schlief und merkte nix.
   Refrain

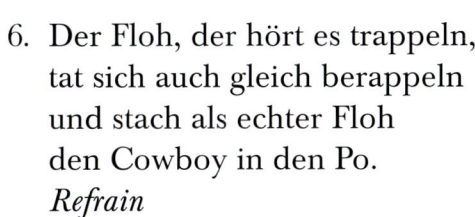

6. Der Floh, der hört es trappeln,
   tat sich auch gleich berappeln
   und stach als echter Floh
   den Cowboy in den Po.
   Refrain

7. Der Jim sprang auf und fluchte,
   als er das Weite suchte.
   So war's nix mit Verhauen
   im ersten Morgengrauen.
   Refrain

8. Der Cowboy Jim aus Texas
   sitzt oft bei seiner Oma.
   Und beide schaun sich dann
   im Fernsehen Cowboyfilme an.
   Refrain

Am Lagerfeuer

Nicht nur Cowboys und Indianer sitzen gerne ums Lagerfeuer. Wenn kein Platz vorhanden ist, um ein richtiges Holzfeuer aufzuschichten, kann ein Holzkohlegrill aufgestellt werden. Während Würstchen und Stockbrote brutzeln, können sich alle nach Indianerart Streifen und Muster auf Stirn, Nase und Wangen malen und mit wilden Cowboy- und Indianer-Spielen beginnen.

Am Marterpfahl

Aus der Gruppe der Bleichgesichter wird ein Indianer ausgewählt. Dieser stellt sich vor den Marterpfahl, schließt die Augen und zählt bis 20. In dieser Zeit verstecken sich die Bleichgesichter in der Umgebung. Findet der Indianer ein Bleichgesicht, schleppt er es zum Marterpfahl. Die anderen Bleichgesichter können natürlich auch versuchen den oder die Gefangenen durch „Freischlagen" zu befreien.

Am Lagerfeuer

Es werden zwei Gruppen gebildet, eine größere Cowboy-Gruppe und eine kleinere Indianer-Gruppe. Die Cowboys setzen sich im Kreis (ums Lagerfeuer). Die Indianer schleichen sich an und setzen sich hinter einige der Cowboys. Wer meint, dass hinter ihm ein Indianer sitzt, schreit kurz auf. Wer irrtümlich aufschreit, scheidet aus.

66

Friedenspfeife

Wenn man so am Lagerfeuer sitzt,
können spannende Geschichten erzählt
oder vorgelesen werden. Natürlich kann
man auch gemeinsam eine „Friedenspfeife
rauchen". Dazu wandert ein Seifenblasenröhrchen reihum
und jeder bläst seinen „Seifenblasen-Rauch" in den Himmel.

Hufeisenwurf

Ein Stock wird fest in den Boden
gesteckt, drum herum werden
Kreise auf den Boden gemalt.
Etwa fünf Schritte entfernt wird
eine Linie gezogen. Dann darf
jeder dreimal das Hufeisen (einen
Ring) werfen. Wer trifft am häufigsten?

Indianer-Kopfschmuck

Stoffreste in lange Streifen reißen und als Stirnbänder
um den Kopf knoten. Vorne eine Feder hineinstecken.

Indianer-Namen

Jeder denkt sich einen Indianer-Namen aus, der zu ihm oder ihr
passt oder der als schön empfunden wird.
Zum Beispiel: Kleine Wolke, Schlafender Bär, Wildes Pferd,
Prärierose, Die-mit-der-Schlange-tanzt …

Indianer-Tipi

Lange Stöcke oder Äste sammeln, zu einem Zelt-Gerüst
aufstellen und eventuell zusammenbinden. Tücher
oder Decken darüber legen.

Coole Drinks für heiße Tage

Kirsch-Bowle

- ½ Liter Kirschsaft
- ½ Liter Früchtetee
- ½ Flasche Sprudelwasser
- 1 Esslöffel Zitronensaft
- 2 Nektarinen

Die Nektarine entkernen und in dünne Scheiben schneiden. Alle Zutaten in eine große Kanne oder eine Schüssel füllen und gut kühlen.

Eis-Kakao

- 1 Liter kalte Milch
- 5 Esslöffel Schokopulver
- 5 große Kugeln Vanilleeis
- geschlagene Sahne
- Schokoladenraspel

Den Kakao anrühren. Je eine Eiskugel in ein hohes Glas geben, mit Kakao auffüllen. Ein Sahnehäubchen daraussetzen und mit Schokoraspel bestreuen.

Apfel-Minz-Schorle

- 1 Flasche Apfelsaft
- ½ Flasche Sprudelwasser
- ½ Liter Pfefferminztee
- 1 Esslöffel Zitronensaft
- 1 Apfel

Den Apfel in Scheiben schneiden, Sterne oder andere Figuren ausstechen. Alle Zutaten in eine große Kanne oder eine Schüssel füllen und gut kühlen.

Bananen-Shake

- 1 Liter kalte Milch
- 5 große Kugeln Vanilleeis
- 4 weiche Bananen
- 1 Esslöffel Zitronensaft

Die Bananen pürieren und mit dem Zitronensaft vermischen. Die Milch dazugießen. Je eine Eiskugel in ein großes Glas geben und mit der Bananenmilch auffüllen.

Der offene Kühlschrank

Ein Mann suchte einmal in seinem Kühlschrank einen Himbeer-Jogurt, aber er fand keinen. Enttäuscht ging er zur Küche hinaus und vergaß dabei den Kühlschrank zu schließen.

Sosehr der Kühlschrank auch kühlte, in seinem Innern wurde es immer wärmer und nach einer Weile lief ein kleines Bächlein unten aus ihm heraus.

„Das ist ja nicht auszuhalten!", stöhnten die Haselnussjogurts.

„Ist das ein Kühlschrank oder ein Kachelofen?", giftelten die Schweinswürstchen.

„Wie soll man hier noch frisch bleiben?", ächzte ein Emmentaler Käse, der schon aus allen Löchern tropfte.

„Mir reicht's", sagte ein Jogurt nature, „ich gehe!"

„Wohin denn?", fragten die Würstchen.

„In die Natur", sagte der Jogurt nature.

„Ich komme mit!", rief ein Bio-Krachsalat.

„Wir auch!", riefen die Haselnussjogurts, die Schweinswürstchen, der Emmentaler Käse, die Butter und die zwei Milchpackungen, und auch die Eier und die Tomaten nickten entschlossen. Ein Bier, das vor Wut schäumte, schloss sich ebenfalls an, nur die Essiggurken, die Silberzwiebelchen und die Oliven blieben in ihren Gläsern und glotzten den andern blöd und träge nach.

Die hüpften nun alle zum Kühlschrank hinaus und zogen, angeführt vom Jogurt nature, wie eine kleine, feuchte Karawane ins Wohnzimmer. Bald hatten sie die Topfpalme neben dem Sofa erreicht.

„So", rief der Jogurt nature, „im Schatten dieser Palme lassen wir es uns wohl sein!" Alle ließen sich nun auf dem Teppich am Fuß der Zimmerpalme nieder und genossen die Aussicht auf die Sofalehne, die Stuhlbeine, den Glastisch und den Fernsehapparat. Überall, wo sie saßen, gab es nasse Flecken. Aber es ging nicht lange, da sagte der Emmentaler Käse: „Mir ist so heiß."

„Ja", sagten die Würstchen, „es ist hier überhaupt nicht kälter als im Kühlschrank", und den beiden Milchpackungen rannen große Tropfen über ihre Aufschrift hinunter.

„Kameraden", rief da der Jogurt, „wir verlassen dieses Haus!", und sie erhoben sich und gingen alle zusammen das Treppenhaus hinunter zur Tür hinaus und standen nun auf der Straße.

Da es Sommer war, schlug ihnen eine große Hitze entgegen.

„Es ist heißer als in einer Kuh", sagte eine Milchpackung zur andern.

„Ich schwitze", sagte der Krachsalat laut.

„Ich schmelze", sagte die Butter leise.

„Uns wird ganz schwabblig", sagten die Eier, die Tomaten liefen rot an und das Bier schäumte stumm vor sich hin.

„Gut", sagte der Jogurt nature, „dann halt zurück in den Kühlschrank."

Aber hinter ihnen war die Haustür ins Schloss gefallen und da standen sie und wussten nicht ein noch aus.

In dem Moment kam der Mann zurück, der sich im Milchladen ein paar Himbeerjogurts gekauft hatte, und traf fast den ganzen Inhalt seines Kühlschranks vor der Haustüre an.

„Was macht ihr denn da?", fragte er erstaunt.

„Ein bisschen frische Luft schnappen", hüstelte der Jogurt nature.

„Wird ja wohl noch erlaubt sein", sagten die Schweinswürstchen frech und die andern schauten verlegen zu Boden.

„Na dann", sagte der Mann, packte die Jogurts, den Emmentaler, die Würstchen, die Eier, die Tomaten, den Krachsalat, die Butter, die Milch und das Bier in seine Tasche, trug sie hinauf, stellte sie eins nach dem andern in den Kühlschrank und schloss die Tür, und bald strömten wieder herrlich kühle Luftzüge um unsere Abenteurer.

Die Butter atmete auf, die Würstchen schauten wieder frisch aus der Packung und der Emmentaler Käse strahlte aus allen Löchern.

„So, war's schön in der Natur?", stichelten die Essiggurken, und die Oliven und die Silberzwiebelchen kicherten dümmlich dazu.

Da riefen die Jogurts, der Käse, die Würstchen, die Tomaten, die Eier, der Krachsalat, die Butter, die Milchpackungen und das Bier wie aus einem Munde: „Jaaaa!"

Und alle erzählten noch so lange von der Topfpalme, dem Treppenhaus und der Hitze vor der Haustüre, bis sie gegessen oder getrunken wurden.

Franz Hohler

Das Gewitter

Hinter dem Schlossberg
kroch es herauf:
Wolken – Wolken!
Wie graue Mäuse,
ein ganzes Gewusel.

Zuhauf
jagten die Wolken
gegen die Stadt.
Und wurden groß
und glichen Riesen
und Elefanten
und dicken,
finsteren Ungeheuern,
wie sie noch niemand
gesehen hat.

„Gleich geht es los!",
sagten im Kaufhaus Dronten
drei Tanten
und rannten heim,
so schnell sie konnten.

Da fuhr ein Blitz
mit helllichtem Schein,
zickzack,
blitzschnell
in einen Alleebaum hinein.
Und ein Donner schmetterte
hinterdrein,
als würden dreißig Drachen
auf Kommando lachen,
um die Welt zu erschrecken.
Alle Katzen in der Stadt
verkrochen sich
in die allerhintersten
Stubenecken.

Doch jetzt ging ein Platzregen
nieder!
Die Stadt war überall
nur noch ein einziger
Wasserfall.
Wildbäche waren die Gassen.

Plötzlich war alles vorüber,
die Sonne kam wieder
und blickte vergnügt
auf die Dächer, die nassen.

Josef Guggenmos

Sommergewitter

Im Sommer gibt es oft Gewitter, am häufigsten sind sie im Monat Juli. Denn ehe sich eine Gewitterwolke bildet, ist die Luft meist sehr warm und schwül. Ein dumpfes Grollen ist zu hören. Doch in vielen Fällen entsteht daraus gar kein richtiges Gewitter mit Blitz und Donner. Die elektrischen Entladungen finden dann in den Wolken statt und erreichen den Boden gar nicht.

Wer von einem Gewitter überrascht wird, sollte See oder Schwimmbad rasch verlassen. Frei stehende Bäume sind zu meiden (auch Metallteile wie Geländer oder Fahrräder). Schutz bieten eher Bodenmulden und Hohlwege.

Wird ein Blitz sichtbar, kann man die Sekunden zwischen Blitz und Donner zählen: „21, 22, 23 und so weiter". Teilt man die Anzahl der Sekunden durch 3, dann weiß man, wie viele Kilometer das Gewitter entfernt ist.

Die Zaubererbse

Es war einmal ein Prinz, der wollte eine Prinzessin heiraten, aber es sollte eine wirkliche Prinzessin sein… Eines Abends entstand ein furchtbares Unwetter. Es blitzte und donnerte, der Regen strömte hernieder, es war geradezu entsetzlich. Da klopfte es an das Stadttor und der alte König ging hin, um zu öffnen. Es war eine Prinzessin, die draußen stand. Aber mein Gott, wie sah sie von dem Regen und dem bösen Wetter aus!

Wie der alte König herausfand, dass es wirklich eine Prinzessin war, die da vor dem Tor stand, das erzählt Hans Christian Andersen in dem Märchen „Die Prinzessin auf der Erbse". Ob die Erbsen-Methode wirklich hilft, um Prinzessinnen zu finden, das ist ungewiss. Auf jeden Fall kann man sich aus Erbsen ein richtiges Indianer-Tipi pflanzen.

Das grüne Schloss

Das wird gebraucht:
- Samentütchen: für Zuckererbsen oder Feuerbohnen oder Zierkürbis
- 10 Bambusstäbe
- 3 lange Blumenkästen, gefüllt mit Erde oder ein Gartenbeet, etwa 1 qm groß

Im Juli sind die Erbsen reif. Man kann sie roh essen oder kurz kochen.

Schon im Frühjahr (Mitte April oder Anfang Mai) die Bambusstäbe in die Erde stecken und oben in der Mitte zusammenbinden. Etwa 10 bis 15 Samenkörner um jede Stange in die Blumenkästen oder in das Beet drücken. Bald beginnen die Pflanzen an den Stäben hochzuranken. Im Sommer bilden sie ein schattiges Blätterdach.

Der Märchenbaum

In alten Zeiten … lag nahe bei dem Schloss des Königs ein großer, dunkler Wald und in dem Wald unter einer alten Linde war ein Brunnen. Wenn nun der Tag recht heiß war, so ging die Königstochter hinaus in den Wald und setzte sich an den Rand des kühlen Brunnens. Und wenn sie Langeweile hatte, so nahm sie eine goldene Kugel, warf sie in die Höhe und fing sie wieder. Das war ihr Lieblingsspiel…

Doch eines Tages fiel die Goldkugel der Königstochter in den Brunnen. Was dann geschah, erzählen uns die Brüder Grimm in ihrem Märchen „Der Froschkönig".

Seit uralten Zeiten gilt die Linde als Zauberbaum. Unter ihren Wurzeln sollen Elfen und Zwerge wohnen – und der sagenhafte Lindwurm, ein großer, schrecklicher Drache, der kostbare Schätze hütet und schöne Prinzessinnen raubt. Viele Geschichten erzählen vom Kampf mutiger Prinzen und Ritter gegen diese Drachen und Lindwürmer.

Im Sommer blühen die Linden zartgelb. Den Blüten entströmt ein süßer Duft, der viele Honigbienen anlockt. Die Blätter der Linde sind herzförmig.

Der Sommer
geht zu Ende

September

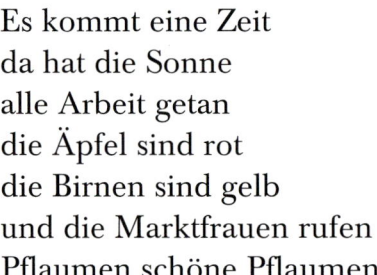

Es kommt eine Zeit
da hat die Sonne
alle Arbeit getan
die Äpfel sind rot
die Birnen sind gelb
und die Marktfrauen rufen
Pflaumen schöne Pflaumen

Es kommt eine Zeit
da wird die Sonne müde
und immer kleiner

So klein wie eine Orange
die nach Afrika zurückrollt
wie ein Taler
der von einer Hand zu andern wandert
wie der Knopf
vom Matrosenkleid

So klein wird die Sonne,
dass der Himmel sie nicht mehr halten kann

Sie rollt übers Dach
rollt hintern Berg
jetzt kann sie keiner mehr sehen

Elisabeth Borchers

Das Ende des Sommers naht

Nach den Ferien, wenn die Schule wieder beginnt und der Kindergarten wieder öffnet, neigt sich der Sommer allmählich seinem Ende zu. Oft sind die Tage noch angenehm warm, doch die Sonne verliert zunehmend ihre Kraft. Die Nächte werden länger und kühler. Anfang September kann das Thermometer noch hochsommerliche Temperaturen anzeigen. Doch häufig bricht diese Schönwetterlage abrupt ab, es wird trübe, regnerisch und kühl.

Viele Felder sind bereits abgeerntet, andernorts ist die Getreideernte noch in vollem Gange. An den Bäumen reifen die Äpfel, Birnen und Pflaumen.

Die Zugvögel rüsten sich für ihre lange Reise in den Süden.

Im Wald sprießen die Pilze, vor allem nach kräftigen Regenschauern.

Auf feuchten Wiesen blühen die Herbstzeitlosen, ihre Blätter erscheinen erst im kommenden Frühjahr.

Das Getreide

Getreide ist eines der wichtigsten Nahrungsmittel. Auf unseren Feldern werden vor allem Weizen, Roggen, Gerste, Hafer und Mais angebaut. Der Bauer sät die Körner – die Samen des Getreides – auf den Acker. Daraus wachsen neue Getreidepflanzen. Zuerst sind sie grün und sehen aus wie Gras. Später, wenn sie gewachsen sind, bilden sich oben auf den Halmen die Ähren, in denen die Körner sitzen.

Im Spätsommer ist das Getreide reif, es wird gelb und trocken. Dann fährt der Bauer mit dem Mähdrescher aufs Feld. Mit großen Messern schneidet der Mähdrescher das Getreide ab. In seinem Innern werden Körner von den Halmen – dem Stroh – getrennt. Das Stroh wird zu Ballen oder Rollen geformt und bleibt erst einmal zum Trocknen auf dem Feld.

Weizen

Weizen ist das am weitesten verbreitete Getreide der Welt. Aus einem Saatkorn können 50 bis 100 Körner geerntet werden.

Roggen

Beim Roggen wachsen kurze Borsten – die Grannen – an den Körnern. Daher kommt der Spruch: „Sei nicht so grantig."

Weizen- und Roggenkörner werden zu Mehl gemahlen oder grob geschrotet. Daraus können Brot oder Kuchen gebacken werden.

Hafer

Beim Hafer sitzen die Körner an kleinen Stielen, den Rispen. Aus Hafer werden leckere Haferflocken gemacht.

Wenn die Mähmaschine rattert

Text: Josef Guggenmoos
Melodie: Dorothée Kreusch-Jacob

1. Wenn die Mäh-ma-schi-ne rat-tert, geht es al-len an den Kra-gen, al-len Grä-sern, al-len Blu-men, wie viel tau-send, wer kann's sa-gen?

2. Hopp, ein Heupferd! Hopp, ein andres
   rettet sich in kühnem Satze,
   denn die Wiese wird geschoren:
   Heute kriegt sie eine Glatze.

3. Ist das Heu davongefahren,
   wird der Bauer nicht mehr brummeln,
   wenn sich auf der kahlen Fläche
   Kinder nach Vergnügen tummeln.

König Pfannkuchen

Der König vom Apfelland hatte furchtbar viel zu tun. Jeden Tag. Von morgens bis abends. Er musste seinen Untertanen vom Balkon des Palastes zuwinken. Er musste die Apfelernte überwachen, Paraden abnehmen, Reden halten, Dokumente unterzeichnen und auf festlichen Bällen im Prunksaal den Tanz eröffnen. „Es ist kaum zu schaffen", stöhnte der König oft, „für diese anstrengenden Aufgaben brauche ich viel Kraft." Eine besondere Bedeutung hatte daher der morgendliche Pfannkuchen, goldgelb und saftig mit recht vielen Apfelspalten darauf. Ohne Pfannkuchen kein Königsfrühstück. Ohne Königsfrühstück keine Regierungsgeschäfte. Ohne Regierungsgeschäfte ein hoffnungsloses Durcheinander. Lange Zeit ging alles gut. Doch eines Tages schwang ein neuer Koch in der Schlossküche den Kochlöffel. Von nun an war alles anders: Mal war der Pfannkuchen verbrannt, mal zu klein, mal zu fest, mal versalzen. Kurzum: misslungen und missraten.

„Welch ein Verhängnis!", stöhnte der König. „Ich werde wohl schwerlich das Apfelland regieren können, wenn ich nicht bei Kräften bleibe." Notgedrungen begab sich der König eines Morgens höchstpersönlich in die Schlossküche. Er war gewillt seinen Apfelpfannkuchen von heute an selbst zu backen.

„Milch, Eier und Mehl, Butter, Zucker und Salz", zählte der König auf und verrührte die Zutaten in einer Schüssel. Er goss die goldgelbe Masse in die heiße Pfanne, fügte Apfelspalten hinzu, ließ sie eine Weile darin garen, wendete den Pfannkuchen in der Luft und versuchte ihn wieder aufzufangen. Der Koch staunte nicht schlecht und klatschte laut Beifall, als das Kunststück endlich gelang.

Der König war mit sich zufrieden und aß seinen Pfannkuchen mit Genuss. Dann ließ er seinen Oberhofmeister kommen und verkündete: „Die Königspflichten im goldenen Aufgabenbuch müssen unverzüglich geändert werden. An die oberste Stelle des königlichen Tagesprogramms gehört in Zukunft das Pfannkuchenbacken. Da diese Prozedur viel Zeit in Anspruch nimmt, kann ich hinterher nur noch den Untertanen zuwinken, hin und wieder vielleicht eine Parade abnehmen und abends den Tanz im Prunksaal eröffnen. Mehr nicht. Hm, ja."

„Oh du dicke Durchlaucht", stammelte der Oberhofmeister entsetzt. Dann fragte er etwas lauter: „Majestät, wer soll denn dann Reden halten und Dokumente unterzeichnen? Und was wird aus der Apfelernte?"

Der König zuckte die Achseln und brummte: „Das darf im Augenblick nicht so wichtig sein. Jedenfalls nicht wichtiger als mein Pfannkuchen."

Es blieb nicht aus, dass der König durch seine Schlemmerei dicker und dicker wurde. Die Untertanen nannten ihn insgeheim längst König Pfannkuchen. Schließlich passte dem König keine Hose, kein Hemd und keine Jacke mehr. Es half alles nichts: Neue Kleider mussten her. Eilfertig nahm der königliche Hofschneider Maß. Er zeigte dem König die prächtigsten Samtstoffe, Spitzenkragen, goldene Knöpfe und seidene Bänder. König Pfannkuchen nickte beifällig.

Der Staatsminister raunte dem Oberhofmeister zu: „Was soll das kosten? Die Talertruhen sind fast leer, denn die Ernte ist noch nicht eingebracht. Da der König keine Gesetze mehr erlässt, sitzen die Leute im Wirtshaus und trinken Apfelschnaps, den lieben langen Tag. Es wird eine Finanzkrise geben."

Der Koch und der Schneider jedoch waren mit dem Verlauf der Dinge sehr zufrieden. Der Koch konnte morgens länger in den Federn liegen und der Schneider verdiente einen hübschen

Batzen Geld. Listig redete er dem König ein, er brauche besonders prunkvolle Kleider, um damit auf Brautschau zu gehen.

„Auf Brautschau?", fragte der König und zog eine Augenbraue verwundert in die Höhe.

„Aber ja doch", schmeichelte der listige Schneider, „das wäre eine nette Abwechslung für Euch, Durchlaucht!"

„Nein und nochmals nein!", erhob der Staatsminister händeringend Einspruch. „Für Brautgeschenke oder Hochzeitsfeierlichkeiten sind keine Taler mehr in der Kasse."

„So ist es", sagte auch der Oberhofmeister, „erst die Apfelernte, dann können wir weitersehen."

Zornesröte stieg König Pfannkuchen ins Gesicht. „Papperlapapp", zischte er, „wo kommen wir hin, wenn ein Staatsminister und ein Oberhofmeister das Zepter schwingen wollen?" Auf der Stelle gab der König den Befehl, die Kutsche vorfahren zu lassen und ihn zur schönsten Prinzessin unter der Sonne zu bringen. „Das ist Prinzessin Tausendschön, mein König", wusste der Kutscher. „Sie ist tausendmal schöner, als es Schneewittchen einst war, und sie wohnt gleich links vom Apfelland, hinter dem Blaubeerwald in einem Schloss am blauen See."

Vergnügt bestieg König Pfannkuchen die Kutsche und schon ging die Fahrt los. Quer durch das Apfelland, vorbei an Apfelbäumen voller reifer Früchte. Selbst die Häuser im Apfelland trugen Apfelfarben: Die Mauern waren gelb, die Fensterläden grün, die Dächer leuchtend rot und die Schornsteine braun wie Apfelstiele. In wildem Galopp sausten die Pferde dann durch den Blaubeerwald. König Pfannkuchen hielt seine Krone fest. „Schneller, Kutscher, schneller! Sonst ist die Braut vergeben, ehe ich ihr einen Antrag machen kann. Schöne Prinzessinnen gibt es nicht wie Äpfel an den Bäumen!"

In der Tat kam König Pfannkuchen fast zu spät. Er musste sich in eine lange Schlange heiratswilliger Prinzen und Könige einreihen. Zum Glück war Prinzessin Tausendschön wählerisch. Mal war ihr ein Bewerber zu groß, mal zu klein, mal zu jung, mal zu alt, mal zu dünn, mal zu dumm. Endlich war König Pfannkuchen an der Reihe und durfte vor die Prinzessin treten. Er musste zugeben, dass das Prinzesschen das liebreizendste Geschöpf war, das er je in seinem Leben gesehen hatte.

Tausendschön musterte den König von oben bis unten. Zu groß war er nicht, nein, zu klein auch nicht. Weder zu alt noch zu jung. Aber entschieden zu rund! Schon schüttelte die Prinzessin den Kopf und winkte ab.

„Was denn", dachte König Pfannkuchen, „habe ich mich etwa völlig umsonst in der Kutsche durchrütteln lassen? Soll ich allein ins Apfelland zurückkehren, zum Gespött meiner Untertanen?" Der König beugte sich vor und sagte sanft: „Schau mir bitte in die Augen, Prinzesschen." Er kannte die Zauberkraft dieser Worte. Und wirklich – der Satz verfehlte seine Wirkung nicht. Die Prinzessin sah den König unter langen Wimpern an und fand ihn plötzlich recht liebenswert. Durchaus annehmbar. Bis auf den Bauch.

„Wie konntest du nur so viele Kartoffeln essen?", schmollte sie.

„Keine Kartoffeln", entgegnete der König, „Pfannkuchen. Lauter goldgelbe Pfannkuchen. Mein Amt ist schwer. Da brauche ich täglich ein üppiges Frühstück."

„Ich weiß etwas Besseres", behauptete die Prinzessin.

„Besser als Pfannkuchen?" Der König war sprachlos.

„Viel besser", versicherte die Prinzessin.

„Was soll das denn für ein seltsames Wundermittel sein, das mehr Kraft gibt und besser schmeckt als Apfelpfannkuchen?", wollte der König neugierig wissen.

„Küsse schmecken besser", flüsterte Prinzessin Tausendschön errötend …

König Pfannkuchen begriff schnell. Er sollte von Luft und Liebe leben? Auf seine Pfannkuchen verzichten? Dies Opfer war zu groß! Soeben wollte der König sich auf dem Absatz umdrehen, da hörte er die Prinzessin sagen: „Ich gebe dir gern eine Kostprobe." Schon spitzte Tausendschön die Lippen und hauchte einen zarten Kuss auf des Königs Mund.

König Pfannkuchen bekam weiche Knie, Herzflattern, Ohrensausen, Magendrücken und heiße Wangen. In der Tat, in diesem Zustand konnte kein Mensch irgendetwas essen. Nicht den kleinsten Bissen. Der König räusperte sich mehrmals und meinte dann spitzbübisch: „Ich habe immer noch Hunger."

„Auf Pfannkuchen?" Die Prinzessin war fassungslos.

Der König lachte. „Nein, auf noch mehr Küsse."

Bald wurde im Apfelland eine prachtvolle Hochzeit gefeiert. Auch der Staatsminister und der Oberhofmeister waren mit der Wahl des Königs einverstanden. Schwungvoll schrieb der Oberhofmeister die unumstößlichen Königspflichten ins goldene Aufgabenbuch:

1. Tausendschön küssen
2. Untertanen zuwinken
3. Apfelernte überwachen
4. Paraden abnehmen
5. Reden halten
6. Dokumente unterzeichnen
7. Tanz im Prunksaal eröffnen
8. Tausendschön küssen und küssen und küssen.

Wer in das blühende Apfelland reist, kann sich mit eigenen Augen davon überzeugen, dass sich daran bis heute nichts geändert hat.

Marie-Luise Prövestmann

 # Königliche Apfelpfannkuchen

Das wird gebraucht:
- 200 Gramm Mehl, • 2 Eigelb,
- 200 Milliliter Milch,
- 200 Milliliter Mineralwasser,
- 2 Eiweiß, • 1 Prise Salz,
- Butterschmalz, • Zimt-Zucker

Mehl mit Eigelben, Milch
und Mineralwasser zu einem
glatten Teig verrühren.
Eiweiße mit der Prise Salz
zu schnittfestem Schaum
schlagen und unter den Teig
heben.

Äpfel schälen, vierteln und
die Kerngehäuse heraus-
schneiden. Die Apfelviertel
in dünne Scheiben
schneiden.

Butterschmalz in einer großen
Pfanne erhitzen. Die Apfel-
scheiben fächerförmig hinein-
legen und kurz anbraten.

Ein Viertel des Teiges darüber
gießen. Den Teig stocken
lassen, bis die Oberseite nur
noch leicht feucht ist. Den
Pfannkuchen vorsichtig wen-
den und die andere Seite
braten.

Den fertigen Pfannkuchen
mit Zimt-Zucker
bestreuen.

In einem kleinen Apfel,
da sieht es niedlich aus.
Es sind darin fünf Stübchen,
grad wie in einem Haus.
In jedem Stübchen wohnen
zwei Kerne braun und klein.
Die liegen drin und träumen
vom lieben Sonnenschein

Herr von Ribbeck auf Ribbeck im Havelland

Herr von Ribbeck auf Ribbeck im Havelland,
ein Birnbaum in seinem Garten stand,
und kam die goldene Herbsteszeit
und die Birnen leuchteten weit und breit,
da stopfte, wenn's Mittag vom Turme scholl,
der von Ribbeck sich beide Taschen voll.
Und kam in Pantinen ein Junge daher,
so rief er: „Junge, wiste 'ne Beer?"
Und kam ein Mädel, so rief er: „Lütt Deern,
kumm man röwer, ick gew di 'ne Beern."

So ging es viele Jahre, bis lobesam
der von Ribbeck auf Ribbeck zu sterben kam.
Er fühlte sein Ende; 's war Herbsteszeit,
wieder lachten die Birnen weit und breit,
da sagte von Ribbeck: „Ich scheide nun ab.
Legt mir eine Birne mit ins Grab."
Und drei Tage drauf, aus dem Doppeldachhaus,
trugen von Ribbeck sie hinaus.
Und die Kinder klagten, das Herze schwer:
„He is dod nu. Wer giwt uns nu 'ne Beer?"

So klagten die Kinder. Das war nicht recht,
ach, sie kannten den alten Ribbeck schlecht,
der neue freilich, der knausert und spart,
hält Park und Birnbaum strenge verwahrt.
Aber der alte, vorahnend schon
und voll Misstrauen gegen den eigenen Sohn,
der wusste genau, was damals er tat,
als um ein Birn' ins Grab er bat.
Und im dritten Jahr, aus dem stillen Haus
ein Birnbaumsprössling sprosst heraus.

Und die Jahre gehen wohl auf und ab,
längst wölbt sich ein Birnbaum über dem Grab
und in der goldenen Herbsteszeit
leuchtet's wieder weit und breit.
Und kommt ein Jung' übern Kirchhof her,
so flüstert's im Baume: „Wiste 'ne Beer?"
Und kommt ein Mädel, so flüstert's: „Lütt Deern,
kumm man röwer, ick gew di 'ne Beern."

So spendet Segen noch immer die Hand
des von Ribbeck auf Ribbeck im Havelland.

Theodor Fontane

Sommer-Abschied

Text u. Melodie:
Klaus W. Hoffmann

1. Kriegt der Som - mer kal - te Fü - ße, denkt er:

Ich hab kaum noch Kraft. Denn mein Feu - er ist er -

lo - schen, ich bin mü - de, ab - ge - schlafft. Denn mein

Feu - er ist er - lo - schen, ich bin mü - de, ab - ge - schlafft!

2. Kriegt der Sommer kalte Hände,
ja, dann hält ihn hier nichts mehr.
Er braucht dringend seinen Urlaub,
will nach Süden, übers Meer.

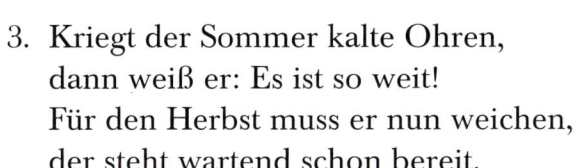

3. Kriegt der Sommer kalte Ohren,
   dann weiß er: Es ist so weit!
   Für den Herbst muss er nun weichen,
   der steht wartend schon bereit.

4. Kriegt der Sommer 'ne kalte Nase,
   sagt er uns Auf Wiedersehn.
   Denn er will sich nicht erkälten,
   wenn die kühlen Winde wehn.

91

Register

Spiele

Basteln und Gärtnern

Kochen und Backen

Quellen

Gedichte/Geschichten

Elisabeth Borchers, September. Aus: Und oben schwimmt die Sonne davon. © Autorin.

Josef Guggenmos, Rot leuchten die Johannisbeeren. Aus ders., Oh, Verzeihung, sagte die Ameise. © 1990 Beltz Verlag, Weinheim und Basel. Programm Beltz & Gelberg, Weinheim.

Josef Guggenmos, Das Gewitter, aus ders.,Ich will dir was verraten © 1992 Beltz Verlag, Weinheim und Basel. Programm Beltz & Gelberg, Weinheim.

Cornelia Funke, Die Flaschenpost. Aus: Leselöwen-Strandgeschichten. © 1999 by Loewe Verlag, Bindlach.

Franz Hohler, Der offene Kühlschrank. © Autor.

Ilse Kleberger, Sommer. © Autorin.

Martin Klein, Dornröschen und der Ritter. Aus: Lesepiraten-Rittergeschichten. © 2000 by Loewe Verlag, Bindlach.

Sibylle Mews, Der Koffer. © Autorin.

Benno Pludra, Die Schwäne auf dem Wasser. Aus: Hans-Joachim Gelberg (Hrsg.), Geh und spiel mit dem Riesen. © 1971/1990 Beltz Verlag, Weinheim und Basel. Programm Beltz & Gelberg, Weinheim.

Marie-Louise Prövestmann, König Pfannkuchen. Aus dies.: Geschichten von kleinen Prinzen und Prinzessinnen, Coppenrath Verlag, Münster. © Marie-Louise Prövestmann.

Käthe Recheis, Vier Wörter. Aus: Hans-Joachim Gelberg (Hrsg.), Geh und spiel mit dem Riesen. © 1971/1990 Beltz Verlag, Weinheim und Basel. Programm Beltz & Gelberg, Weinheim.

Eva Rechlin, Kleine Rose. © Autorin.

Ursel Scheffler, Der Erdbeerbär und der Blaubeerbär. Aus dies.: Komm her, kleiner Bär. © Verlag Herder, Freiburg 1984.

Christel Süssmann, Sommerhitze. © Autorin.

Fredrik Vahle, Fischbrötchen im Kuhstall. Aus: Mäusepfiff und Himmelsblau. © Middlehauve Verlag, Weinheim

Klaus-Peter Wolf, Der Seewolf. Aus: Leselöwen-Seeräubergeschichten. © 1993 by Loewe Verlag, Bindlach.

Lieder

Josef Guggenmos (Text), Dorothee Kreusch-Jacob (Melodie), Wenn die Mähmaschine rattert. Aus: Dorothee Kreusch-Jacob, Ich schenk dir einen Regenbogen. © Patmos Verlag, Düsseldorf 2. Auflage 1995.

Klaus W. Hoffmann (Text/Melodie), Sommer-Abschied. © Autor.

Bernd Kohlhepp (Text), Jürgen Treyz (Melodie), Im großen blauen Meer. © bei den Autoren.

Dorothee Kreusch-Jacob (Text/Melodie), Daheim will ich bleiben! Aus dies., Lieder aus dem Ferienkoffer © Patmos Verlag, Düsseldorf 1995.

Rosemarie Künzler-Behncke (Text), Klaus W. Hoffmann (Melodie), Was im Sommer Spaß macht. © bei den Autoren.

Fredrik Vahle (Text/Melodie), Paule Puhmanns Paddelboot und Der Cowboy Jim aus Texas. © Aktive Musik Verlagsgesellschaft mbH., Dortmund.

Quer durch die Jahreszeiten

Die Jahreszeitenbücher von Dagmar Binder sind von Susanne Riha illustriert.

Wenn es Frühling wird
ISBN 3-491-38053-7
MC 3-491-87030-5
CD 3-491-88776-3

Wenn der Sommer lacht
Von Sonnentagen und Ferienspaß
ISBN 3-491-38064-2
MC 3-491-87045-3
CD 3-491-88791-7

Wenn die Blätter tanzen
Von Erntedank bis zum Laternenfest
ISBN 3-491-38049-9
MC 3-491-22298-2
CD 3-491-24038-7

Wenn der Winter kommt
Von Advent bis Karneval
ISBN 3-491-38062-6
MC 3-491-87040-2
CD 3-491-88786-0

Die Jahreszeitenbücher bieten zahlreiche Anregungen, um die Natur und die Feste im Wechsel der Jahreszeiten mit allen Sinnen wahrzunehmen – gemeinsam mit Kindern. Mit zauberhaften Geschichten, Liedern, Gedichten, Sachinformationen, Bastel- und Spielangeboten für ein ganzes Jahr.

Die schönsten Lieder, Gedichte und Geschichten sind auch auf MC oder CD zu hören.

Patmos

Dagmar Binder

ist Redakteurin und lebt mit ihrer Familie in
Wiesbaden. Im Patmos Kinderbuchprogramm
liegen von ihr erfolgreiche Beschäftigungsbücher
vor: »Kunterbunt durchs ganze Jahr«, »Himmel-
blau, Sonnengelb und Rosenrot«, ein Farben-
buch, »Zwergenspeis und Räuberschmaus«, ein
Märchenkochbuch sowie die weiteren Bände
aus der Jahreszeitenreihe »Wenn es Frühling
wird«, »Wenn die Blätter tanzen« und »Wenn der
Winter kommt«.

Susanne Riha

geboren 1954 in Wien, ist seit 1982 frei-
schaffende Autorin und Illustratorin. Ihr Werk
wurde im In- und Ausland mit zahlreichen
Preisen ausgezeichnet. Für das Patmos Verlags-
haus hat sie bereits die anderen drei Bände der
Jahreszeitenreihe illustriert.

Bibliografische Information Der Deutschen Bibliothek
Die Deutsche Bibliothek verzeichnet diese Publikation
in der Deutschen Nationalbibliografie;
detaillierte bibliografische Daten sind im Internet über
http://dnb.ddb.de abrufbar

© 2003 Patmos Verlag GmbH & Co. KG, Düsseldorf
Alle Rechte vorbehalten.
Umschlag und Innenillustration: Susanne Riha
Satz: Fotosatz Moers, Mönchengladbach
Druck und Verarbeitung: Druckerei Theiss, A-9431 St. Stefan
ISBN 3-491-38064-2
www.patmos.de